文物鉴赏与收藏

黄尚明 编著

华中师范大学出版社

新出图证(鄂)字 10 号

图书在版编目(CIP)数据

文物鉴赏与收藏/黄尚明编著. —武汉:华中师范大学出版社,2010.6(2019.6 重印)
ISBN 978-7-5622-4287-1

Ⅰ.①文…　Ⅱ.①黄…　Ⅲ.①文物—鉴赏—中国—教材　②文物—收藏—中国—教材　Ⅳ.①K87　②G894

中国版本图书馆 CIP 数据核字(2010)第 073089 号

文物鉴赏与收藏

责任编辑:李　蓉　　**责任校对**:王　炜　　**封面设计**:甘　英
编辑室:基础教育分社　　**电话**:027－67862387
出版发行:华中师范大学出版社
社址:湖北省武汉市珞喻路 152 号
电话:027－67863426/67863040(发行部)　027－67861321(邮购)
传真:027－67863291
网址:http://press.ccnu.edu.cn　　**电子信箱**:press@mail.ccnu.edu.cn
印刷:武汉兴和彩色印务有限公司　　**督印**:王兴平
字数:250 千字
开本:787mm×1092mm　1/16　　**印张**:10.75
版次:2010 年 6 月第 1 版　　**印次**:2019 年 6 月第 3 次印刷
定价:38.00 元

欢迎上网查询、购书

编者的话

我开设文物鉴赏课是为了把自己所学的文物知识教给学生，并希望能够收到预期的效果。开设这门课的初衷有以下几个方面：

首先是帮助大学生提高文化素质。当代大学生应具备全面的素质，思想素质占主要地位，文化素质也占很重要的地位。文化素质中除专业知识和专业技能外，还应该对相关学科有所了解，这对今后的发展有好处。大学生应该了解一点文物方面的基本知识。

其次是帮助大学生了解祖国辉煌灿烂的历史，增强民族自尊心和自信心。中华民族具有悠久的历史，文明史就长达五千年。中华文化既包括博大精深的精神文化，也包括异彩纷呈的物质文化，精神与物质并不能截然分开。《周易》说："形而上者谓之道，形而下者谓之器。"这种划分也只是相对的。实际上，精神的东西会以物化的形式表现出来，这就是所谓的"器以藏礼"。文物是古代文化的物化形式，是古代精神文化的物质载体。我们了解了古代文物，就既能了解古人的物质文化成就，也能透过物质文化进入古人精神文化的殿堂。我们鉴赏文物，不仅是欣赏它的艺术价值，更要懂得它的历史价值和社会价值。

再次是帮助大学生提高审美水平和了解古代的科技成就。文物是祖先留给我们的宝贵艺术财富。许多文物造型生动，巧夺天工，既具有珍贵的历史价值，又具有很高的欣赏价值。古人有些高超的技艺已经失传，以至于人们面对这些精美的艺术品叹为观止之余，其制作方法却始终是不解之谜，如埃及金字塔，古埃及人究竟是如何把重达数吨的石头运到金字塔上的，至今仍无圆满的答案；随州曾侯乙墓出土的尊盘，有的认为是用失蜡法铸造的，有的认为是用漏铅法铸造的，还有的坚持认为是用范铸法铸造的，至今也没有定论。

最后是帮助大学生了解文物知识。今后这么多学生参加了工作，在不同的岗位上为保护文物奔走呼号，就能成为文物保护的一支重要力量。同时，学习一些文物知识也可以培养学生收藏文物的业余爱好，在收藏文物时少走弯路。文物收藏是一种高雅的活动，现在生活水平提高了，爱好文物收藏的人日益增多。收藏文物，需具备必要的知识，否则就会上当受骗。有的文物爱好者，花了很多钱，购买的文物却是赝品。如果我们系统地掌握了文物知识，就可以避免不必要的损失。

我已经为华中师范大学本科生开了多年的文物鉴赏课，听讲的学生来自各种专业和各个年级，有的学生是历史专业的，但不懂考古；有的学生是非历史专业的，或仅具备一点历史知识，所以在讲课的过程中，我必须深入浅出，生动有趣，在内容选择、讲授方法等方面都要边教边摸索。现在最感迫切的是学生手头缺乏资料，没有合适的教材，我就不揣浅陋，编写了这本适合非考古专业大学生学习的通修课教材。

中国是一个文明古国，文物众多。由于课时少，仅靠几节课，是不可能讲完的。如果面面俱到，蜻蜓点水，效果也不佳。所以我选择玉器、青铜器、瓷器中的文物精华，进行重点介绍。每一类约讲 12 学时。为什么要选择玉器、青铜器和瓷器呢？因为这几类文物基本上能够代表中国古代文化的精髓，是古代文化的物化形式，既有很高的历史价值，又有很高的艺术价值，同时又具有很高的科学价值。

文物鉴赏是一门直观性很强的课程，因此，在讲授过程中，直观性原则将贯穿于课程始终，让大家经常观摩文物图片，以期取得最佳效果。现代多媒体技术为展示文物图片提供了技术支持，效果很好，应该感谢现代教育技术给我们带来的方便，弥补了我们不能经常去观摩实物的缺憾。现在，博物馆免费开放，为学生到博物馆观摩文物提供了更加便利的条件。

目　录

上篇 玉器

第一章　中国玉器概论

第一节　玉、玉矿的分布和玉器的制作

一、玉和玉器

现代矿物学将玉分为硬玉和软玉。硬玉也叫翡翠。软玉也叫真玉，属于透闪岩中钙角闪岩的一种，一般具有交织纤维显微结构的透闪石——阳起石系列结构。并不是所有的透闪石或阳起石都是软玉，只有具有交织纤维结构（即软玉结构）的才能称作玉。软玉有着仅次于黑金刚石的极高韧性。透闪石的化学分子式为 $Ca_2Mg_5[Si_4O_{11}]_2(OH)_2$，阳起石的化学分子式为 $Ca_2(Mg,Fe)_5[Si_4O_{11}]_2(OH)_2$ 它们的化学成分基本相同，同属单斜晶系，常呈类质同像关系。但因阳起石含铁，所以颜色较深。

我国古玉主要是软玉。古人并没有这样严密而科学的知识，不可能按现代标准去选择玉材。从考古发现来看，长江下游一带新石器时代的人们所使用的玉料，除软玉之外，还有石英、玛瑙、石髓、氟石和滑石等多种。古人选玉就是以美为标准，许慎《说文解字》认为玉就是“石之美有五德者”。

玉器就是用玉石雕琢成的各种器物。

二、我国玉矿的分布及世界各地的治玉概况

我国玉矿主要分布在新疆和田、甘肃酒泉、陕西蓝田、辽宁岫岩、河南南阳独山、四川汶川龙溪、江苏溧阳小梅岭等地。和田玉属软玉，主要成分是透闪石，其他杂质矿物很少。白玉中透闪石含量多数大于 99%，少数（青白玉）在 98%左右；青玉中透闪石含量在 97%～99%之间，少数为 95%～97%。杂质矿物有磁铁矿、磷灰石、黄铁矿、绿帘石、透灰石、镁橄榄石、白云石和石英等。和田玉是我国玉材中最珍贵的玉材，玉声沉重而性温润。在史前时期，玉材主要来自辽宁岫岩、江苏溧阳等地，最迟从商代开始，玉材则主要来自新疆和田。

欧洲、亚洲、美洲及新西兰等地均出产玉材。在北欧、西欧和贝加尔湖周围，原始社会时期便生产各式玉器，但其玉器生产在奴隶社会逐步停顿失传。在印第安人古文化遗址，出土了工具、人物、动物等工艺性玉器。新西兰的毛利人善于用碧玉磨制成各种工具和人物形象。15 世纪印度莫卧儿王朝学习中国碾玉的经验，也开始生产具有阿拉伯格调的各式玉器。清朝乾隆时期，印度治玉

工艺对中国产生了较大影响。

三、玉器的制作

中国在新石器时代已经开始生产玉器，并且达到了相当高的水平，以后历代均设立专门机构负责制造玉器。制造玉器的一般工序为：选料、画样、锯料、作坯、打钻、做细、光玉、刻款等。治玉工具有无齿锯、铊（砣）、钻、石英砂等。没有金属工具以前，用硬石治玉。《诗·小雅·鹤鸣》中说："他山之石，可以为错。""他山之石，可以攻玉。"玉的硬度高，石英砂的硬度高于玉，因此，自古以来就用石英砂作为介质来磨玉，故石英砂又称为"解玉砂"。当无齿锯、铊（砣）、钻运动时，带动石英砂，对玉器间接进行加工，称为"碾琢"。《诗·卫风·淇奥》中的"瞻彼淇奥，绿竹猗猗。有匪君子，如切如磋，如琢如磨"，就是用治玉方法来比喻君子努力进修。

第二节 玉器的文化内涵

玉器被赋予美学、宗教和道德等方面的内涵，用于朝聘、礼仪、装饰、埋葬、陈设、饮食器皿、文房用具等。正是因为玉器被赋予了丰富的文化内涵，所以其他任何一种材料制成的器物所包含的精神价值都不能与之相提并论。中国玉文化传统延绵不断近万年，主要原因就在于此。

一、美学内涵

玉材之所以引起人们的关注，是因为玉材不仅很美，而且玉矿很少，属稀有的贵重物质。古人从各个角度去观察玉材美的特征，然后将其与道德联系起来。玉德的道德范畴与玉材的美学范畴存在着内在的联系。许慎认为"石之美有五德者"就是玉。五种玉德正是来源于玉的五种美学特征。其他关于玉德的不同说法，皆与此类似，详见后文。

各种玉佩因为很美，又与道德相联系，于是作为装饰物佩戴在君子身上，成为君子的标志。《礼记·玉藻》："古之君子必佩玉……君子无故，玉不去身，君子于玉比德焉。"

玉器既美又贵重，在古代常作为礼品互相赠送。如《诗·秦风·渭阳》秦穆公的太子罃送晋公子重耳时所做的诗，其中写道："我送舅氏，悠悠我思。何以赠之？琼瑰玉佩。"

《诗·卫风·木瓜》是一首恋歌。歌词为："投我以木瓜，报之以琼琚。匪报也，永以为好也。投我以木桃，报之以琼瑶。匪报也，永以为好也。投我以木李，报之以琼玖。匪报也，永以为好也。"琼琚、琼瑶、琼玖都指美玉。

古代诗词中常用玉来形容最美好的东西。例如：

李煜《破阵子》："四十年来家国，三千里地山河。凤阁龙楼连霄汉，玉树琼枝作烟萝，几曾识干戈？　一旦归为臣虏，沈腰潘鬓消磨。最是仓皇辞庙日，教坊犹奏别离歌。垂泪对宫娥。”《虞美人》：“春花秋月何时了，往事知多少？小楼昨夜又东风，故国不堪回首月明中。　雕栏玉砌应犹在，只是朱颜改。问君能有几多愁，恰似一江春水向东流。”

苏轼《水调歌头》：“明月几时有？把酒问青天。不知天上宫阙，今夕是何年。我欲乘风归去，又恐琼楼玉宇，高处不胜寒。起舞弄清影，何似在人间。　转朱阁，低绮户，照无眠。不应有恨，何事长向别时圆？人有悲欢离合，月有阴晴圆缺，此事古难全。但愿人长久，千里共婵娟。”

秦观《鹊桥仙》：“纤云弄巧，飞星传恨，银汉迢迢暗度。金风玉露一相逢，便胜却人间无数。　柔情似水，佳期如梦，忍顾鹊桥归路！两情若是久长时，又岂在朝朝暮暮？”

古代的这些思想仍然积淀在当代的语言之中，玉总是美和善的象征。我们常常可以看到下列一些与玉有关的词汇：

冰清玉洁：比喻高尚纯洁。

琼浆玉液：指美酒。

金玉良言：指宝贵而有益的话。

金口玉言：封建社会指皇帝讲的话，后来也泛指不能改变的话。

金枝玉叶：旧指皇族，也指出身高贵的公子小姐。

金玉其外，败絮其中：外表很华美，里头一团糟。

金相玉质：比喻文章的形式和内容都很完美。

金科玉律：不可改变的规章条文。

琼楼玉宇：传说中神仙住的华丽的宫殿。

玉成：成全。

玉音：尊称对方的书信、言词。

玉照：称别人的照片。

其他还有“金童玉女”、“金玉良缘”、“如花似玉”、“宁为玉碎，不为瓦全”、“玉石俱焚”、“白璧无瑕”、“金声玉振”、“金玉满堂”、“抛砖引玉”、“他山之石，可以攻玉”、“玉不琢，不成器”等流传至今。《红楼梦》中主人公也以玉为名，如贾宝玉、林黛玉，青埂峰下那块玉更是“通灵宝玉”。

二、宗教内涵

在新石器时代，红山文化和良渚文化的玉器主要与宗教祭祀有关，也就是说早期玉器的文化内涵主要体现为宗教内涵。自红山文化以来，玉器长期用于祭祀活动。

用于祭祀的文献资料如《尚书·金縢》记载了武王病重，周公占卜求神保佑，并请代武王去死，“植璧秉珪，乃告大王、王季、文王”。

《诗·大雅·云汉》描绘周宣王求神祈雨：“圭璧既卒，宁莫我听？”

《诗·大雅·韩奕》：“韩侯入觐，以其介圭，入觐于王。”

《周礼·大宗伯》：“以玉作六瑞，以等邦国。王执镇圭，公执桓圭，侯执信圭，伯执躬圭，子执穀璧，男执蒲璧。……以玉作六器，以礼天地四方。以苍璧礼天，以黄琮礼地，以青圭礼东方，以赤璋礼南方，以白琥礼西方，以玄璜礼北方。”

三、道德内涵

在中国传统文化中，玉是各种美德的象征。各类史书记载的内容大同小异。

一说玉有九德。《管子·水地》：“夫玉之所贵者，九德出焉。夫玉温润以泽，仁也。邻以理者，知（智）也。坚而不蹙，义也。廉而不刿，行也。鲜而不垢，洁也。折而不挠，勇也。瑕适（谪）皆见，精也。茂华光泽，并通而不相陵，容也。叩之，其音清搏彻远，纯而不杀，辞也。是以人主贵之，藏以为宝，剖以为符瑞，九德出焉。”

一说玉有十一德。《礼记·聘义》：“子贡问于孔子曰：‘敢问君子贵玉而贱碈者，何也？为玉之寡而碈之多与？’孔子曰：‘非为碈之多，故贱之也；玉之寡，故贵之也。夫昔者，君子比德于玉焉。温润而泽，仁也；缜密以栗，知（智）也；廉而不刿，义也；垂之如队（坠），礼也；叩之，其声清越以长，其终诎然，乐也；瑕不掩瑜，瑜不掩瑕，中也；孚尹旁达，信也；气如白虹，天也；精神见于山川，地也；圭璋特达，德也；天下莫不贵者，道也。《诗》云：言念君子，温其如玉。故君子贵之也。’”

一说玉有七德。《荀子·法行》：“子贡问于孔子曰：‘君子之所以贵玉而贱珉者，何也？为夫玉之少而珉之多邪？’孔子曰：‘恶！赐，是何言也？夫君子岂多而贱之，少而贵之哉？夫玉者，君子比德焉。温润而泽，仁也。栗而理，知（智）也。坚刚而不屈，义也。廉而不刿，行也。折而不桡，勇也。瑕适并见，情也。叩之，其声清扬而远闻，其止辍然，辞也。故虽有珉之雕雕，不若玉之章章。《诗》曰：言念君子，温其如玉。此之谓也。’”

一说玉有五德。东汉许慎《说文解字》：“石之美有五德者。润泽以温，仁之方也。䚡理自外，可以知中，义之方也。其声舒扬，专以远闻，智之方也。不挠而折，勇之方也。锐廉而不忮，挈（洁）之方也。”

许慎的定义晚出，却简明扼要地指出玉有两大特征，一是美，二是具有五德，即仁、义、智、勇、洁，而且德是玉最根本的特征，由此形成了中国历史上评价玉器“首德次符”的传统标准。

第二章　中国新石器时代玉器

考古学家为我们提供的大量新材料表明，中国在新石器时代已经会制造玉器。内蒙古赤峰市敖汉旗宝国吐乡兴隆洼遗址出土的玉器，是目前发现的最早玉器，主要是装饰品，器类有玦、管、锛、凿等，年代为公元前6200—前5400年。在仰韶时代（公元前5000—前3000年）和龙山时代（公元前2700—前2000年），各地治玉技术已呈现出多种地域风格，主要是红山文化和良渚文化两大体系。如果从兴隆洼文化玉器算起，中国已有近万年的玉器发展史。

第一节　红山文化玉器

一、红山文化

红山文化属中国北方地区的新石器时期文化，因1935年内蒙古自治区赤峰市红山后遗址的发掘而得名，1954年定名为红山文化。一般来说，考古学上文化的命名根据有三：第一，具有一群共存而特征明显的器物；第二，这群器物在不同的遗址经常出现；第三，在空间上具有明确的分布范围。命名时一般以第一次发掘的典型遗址为该文化的名称。红山文化以彩陶、“之”字形纹陶、细石器等为其基本特征，分布于内蒙古自治区东南部、辽宁西部、河北北部和吉林省西北部。年代与中原的仰韶文化相近，仰韶文化的年代为公元前5000—前3000年，而红山文化玉器盛行于公元前3000年前后。

图1　玉猪龙

二、红山文化的玉器

红山文化的玉器主要出土于牛河梁遗址群。牛河梁遗址群位于辽宁省凌源市与建平县交界处。在东西1万米、南北5000米的范围内，考古人员发掘了女神庙、祭坛和积石冢等重要的红山文化遗存。玉器出土于积石冢，是作为随葬品埋入墓中的。器类主要有玉猪龙、三联玉璧、玉龟、玉环、箍形玉器、钩云形玉佩饰。红山是中国境内史前时期最早出现的一个玉器制造中心，另一个中心是稍晚的分布于以太湖流域为中心的良渚。红山文化玉器影

图2 翁牛特旗三星他拉玉龙

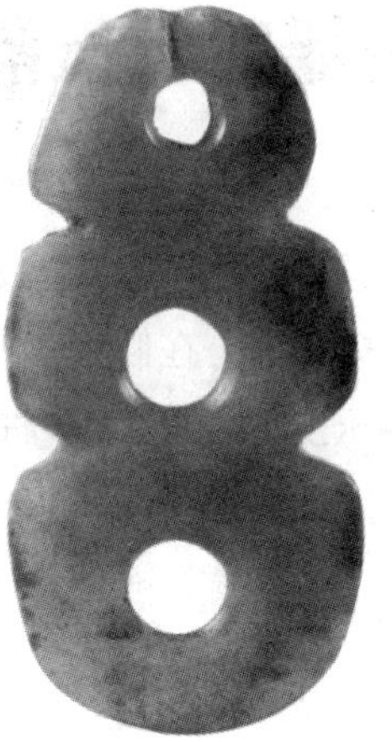

图3 三连璧

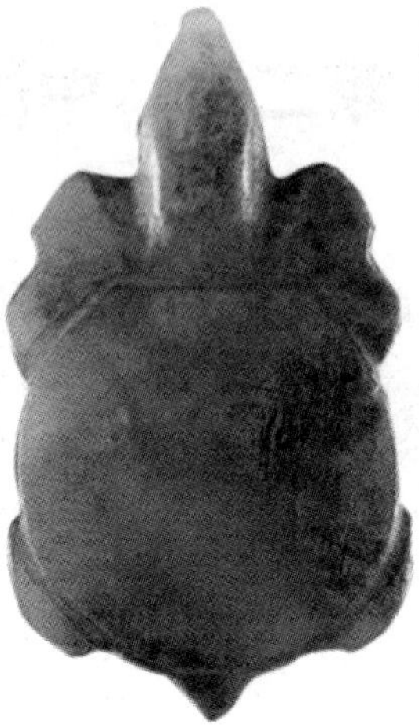

图4 玉龟

响深远，东边一直到达黑龙江的中俄边境，跨过乌苏里江，进入现在的俄罗斯地区。同时，红山文化对黄河腹地、长江下游等地区的玉器制造也有重要影响，从渤海到东海的沿海玉文化带的形成，也可能是受红山文化影响的结果。

红山文化玉器中的玉龙是我国目前玉器中最早的玉龙，其造型一种为猪头龙身，长7.9厘米，所以叫猪龙（图1），是一种复合动物。成书于战国时代的《山海经》中，有许多稀奇古怪的动物也是复合而成的，如人面蛇身、人面鸟身等。1971年，在内蒙古赤峰市翁牛特旗三星他拉遗址，出土了一件玉龙，长角屈身，高26厘米，是另一种类型的玉龙（图2）。红山文化的创造者们经营农业，祈求风调雨顺，渴望农业丰收，龙能够呼风唤雨，所以他们崇拜龙，祭祀龙，希望龙为他们带来好的年成。龙是中华民族的图腾，可以追溯到距今5000年的红山文化。

三连璧（图3）这种玉器的用途，从《庄子·列御寇》的一段故事中可得到启发，该书记载道："庄子将死，弟子欲厚葬之。庄子曰：'吾以天地为棺椁，以日月为连璧，星辰为珠玑，万物为赍送。吾葬具其不备邪？何以加此！'" 在庄子的时代，人们认为玉璧是象征日月的，三连璧就是日月相连的象征。因为玉璧象征日月，所以玉璧的用途之一就是用来祭天。

龟是一种长寿动物。《庄子·逍遥游》："楚之南有冥灵者，以五百岁为春，五百岁为秋。" 冥灵即溟海灵龟。曹操有一首著名的《龟虽寿》诗："神龟虽寿，犹有竟时。螣蛇乘雾，终为土灰。老骥伏枥，志在千里。烈士暮年，壮心不已。" 龟的这种神圣性从红山文化时就开始了，并且中华民族形成了宝龟的传统（图4）。

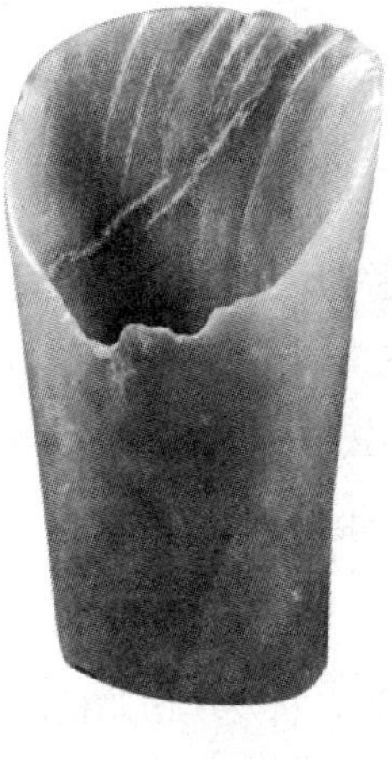

图5　玉箍形器

图6　玉环

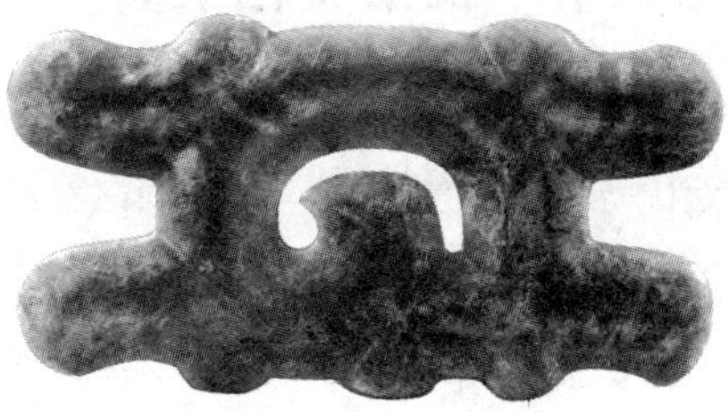

图7　玉钩云形器

（图1~图7　红山文化玉器）

玉箍形器（图5）用途不明，但制作起来不容易，要钻孔，当时又无金属工具。考古工作者在红山文化遗址上采集到了箍形器的钻芯。

玉环（图6）是一种装饰品，也就是手镯，造型美观。

玉钩云形器（图7），器形似云雾缭绕，故名，是一种祭祀用器。

红山文化玉器不仅是装饰用品，还与宗教信仰、祭祀活动有关，已经成为当时社会等级、社会特权的象征，红山文化玉器是社会复杂化的产物。从红山文化玉器来看，当时人们已经赋予玉器以丰富的精神内涵，奠定了中国玉文化的基础。这些丰富的精神内涵使得中国玉文化长盛不衰，形成中华文化的一个特色，为全世界所仅见。

北方地区红山文化的玉材出自辽宁岫岩。岫岩玉分为岫岩蛇纹石玉和岫岩透闪石玉两种。岫岩蛇纹石玉由蛇纹石矿物组成，化学分子式为$Mg_3[Si_2O_5](OH)_4$，岫岩蛇纹石玉组成矿物以蛇纹石为主，杂质矿物有透闪石、滑石、菱镁矿、白云石、透灰石和绿泥石等。岫岩透闪石玉中透闪石占95%以上，还含有杂质矿物如白云石、方解石、磷灰石、粒硅美石、绿帘石、蛇纹石、滑石、石墨、石英、黄铁矿、磁黄铁矿、磁铁矿和褐铁矿等。

第二节 良渚文化玉器

在良渚文化以前，河姆渡文化（约公元前5000—前3300年，主要分布在宁绍平原）、马家浜文化（约公元前5000—前4000年，主要分布在太湖流域）、崧泽文化（约公元前3900—前3300年，主要分布在太湖流域）、北阴阳营文化（约公元前4000—前3000年，主要分布在江苏省宁镇地区和安徽省东南部）均发现了玉器。良渚文化的玉器就是在此基础上发展起来的。

一、良渚文化

1936年，年轻的考古学家施昕更在浙江余杭县良渚镇首次发掘了良渚遗址，从发现伊始良渚文化便被纳入龙山文化范畴，1959年夏鼐先生将同类遗存命名为良渚文化。施昕更发现的良渚遗址群正巧是良渚文化的中心聚落所在地。良渚文化存在时间为约公元前3100—前2200年，主要分布在太湖地区，西起皖东，东至海滨，南到浙南，并远及舟山群岛，北跨长江直达苏北。良渚文化以轮制黑陶和精美玉器为其显著特征。陶器器壁较薄，一般素面磨光，少有精细的刻画花纹和镂孔。典型器物有鱼鳍形或断面呈丁字形足的鼎、竹节形把的豆、贯耳壶、大圈足浅腹盘、宽把带流杯等。

良渚文化已进入文明社会的前夜，水平相当高。中心聚落分布在浙江省余杭县良渚、安溪、瓶窑三镇一带。1986年发现的反山墓地，位于长命乡雉山村。反山高出地表仅4米左右，东西长90米，南北宽30米，总面积约2700平方米，西部被挖去约10米长的一段。经发掘，反山是良渚文化时期人工堆筑的高台土冢，土方量达2万余立方米。已经发掘的11座墓葬，大多有棺椁葬具，出土随葬品1200余件套，其中玉器占90%。反山墓地是目前良渚文化规格最高的墓地，墓主人生前可能是酋长一级的人物。

1987年发掘的瑶山遗址，位于余杭县安溪乡下溪湾村。瑶山是一座小山，山顶较为平缓，海拔高约35米。在山顶发现一座祭坛和12座较大的墓葬。祭坛遗迹平面呈方形，由里外三重组成，最里面一重偏于东部，是一座红土台，平面略呈方形；第二重为灰色土，在红土台四周挖凿，深65厘米~85厘米、宽1.7厘米~2.1厘米的围沟；第三重为黄褐色斑土筑成的土台，边长约20米，面积约400平方米，土台西北部发现两段曲尺形的石坎。12座墓葬出土随葬品700余件套。

1991年发掘的汇观山遗址，与瑶山遗址相似，祭坛面积超过1600平方米，发掘4座墓葬，出土随葬品1700余件套。

1992—1993年发掘的莫角山遗址，是一座东西长约670米、南北宽约450米的大土台，由良渚先民堆筑而成。土台中部鼎立三台，东边一台为大莫角山，面积约1200平方米，残高2米~3米。西部两台南北相对，北台称小莫角山，面积约1500平方米，残高2米~3米；南台俗称乌龟山，地面残存面积约300平方米，残高3米左右，同大莫角山东西相望。莫角山遗址应是良渚文化时期的大型建筑基址。

2006年6月，浙江省文物考古研究所在瓶窑葡萄畈遗址高地西侧发现了一条良渚文化时期的南北向河沟。经对河东岸高地做局部解剖，发现这一高地由人工堆筑而成，厚度近4米，底部铺垫着人工开采的石块。2007年3月，考古人员对莫角山的南、北、东、西先后进行钻探调查和试掘，四面都发现了同样的堆土和石基，初步探明了这种底部铺垫石头的遗迹是良渚文化时期围绕莫角山四周的古城墙。

良渚古城略呈圆角长方形，正南北方向。古城东西长约1500米~1700米，南北长约1800米~1900米，整个城墙有6千米多长，总面积达290多万平方米。南城墙略窄，40多米宽，其余三面城墙都有60多米宽。墙部分地段残高4米多，墙基是精心堆砌而成的：底部先垫石块，上面堆筑纯净的黄土后夯实，为我国现存最宽的城墙。良渚古城是我国目前发现的最大史前古城。第二大古城为山西陶寺古城，面积为280万平方米，可能为尧都平阳。第三大古城为湖北天门石家河古城，面积为120万平方米，为苗蛮集团的中心城址。

二、玉器举例

良渚文化的玉器有玉钺、琮、璧、冠形器、三叉形器、锥形饰、珠、管、坠、玦、璜、瑗等。

1．钺

钺是一种斧形兵器类礼器，如反山墓地12号墓出土的玉钺（M12：100)(图8)，通高17.9厘米，上端宽14.4厘米，刃宽16.8厘米，厚0.8厘米，两面刃部上角均有一浅神人兽面浮雕，刃部下角有一浅浮雕神鸟。钺安装有木柄，柄前端有白玉做的钺冠饰，后端有白玉做的钺末端饰，通长约80厘米。考古学家发掘时，木柄已腐朽，但痕迹犹存。钺代表军事指挥权，这在文献里面有明确记载，《尚书·牧誓》说：“(周武）王左杖黄钺，右秉白旄以麾。”周武王讨伐商纣王时，拿着象征军事特权的黄钺，黄钺就是青铜钺。西周宣王时的虢季子白盘铭文：“赐用钺，用征蛮方。”周天子赐钺，意味着授予虢季子白征讨蛮方的军事大权。

图8　玉钺(反山出土)

殷墟二期的妇好墓出土4件青铜钺，据甲骨文记载，妇好是商王武丁的夫人，经常带兵打仗，凯旋。妇好墓出土青铜钺，正好印证了甲骨文的记载，也说明拥有青铜钺是拥有军权的象征。

2. 琮

琮是供祭祀用的重要礼器。琮为长筒状器物，内圆外方，器体中部为一上下贯穿的圆筒，器体的外部呈长方体。中国古代认为天圆地方，琮的内圆代表天，外方代表地，琮是巫师用于贯通天地的工具。良渚玉琮的特征是分为多节，比较高大。武进寺墩出土的一件玉琮（图 9）高 29.6 厘米。反山出土的一件玉琮（图 10）高 17.6 厘米，重达 6500 克，虽不很高，却很重，可谓“琮王”。琮外部四棱为构图的中轴线，有的刻画着兽面纹，有的刻有鸟纹（图 11、图 12）。神兽和神鸟都是人们崇拜的，可以飞到天上，作为巫师升天的助手。

3. 璧

有的墓葬里随葬很多玉璧，璧为圆形礼器，中间有孔。《周礼·大宗伯》：“以苍璧礼天，以黄琮礼地。”《左传·文公十二年》：“秦伯（秦康公罃）以璧祈战于河。”可见璧的一项功能是用来祭天的。红山文化有三连璧，良渚文化的璧平整光滑，圆周上无装饰（图 13）。

图 9 玉琮(武进寺墩出土)

图 10 玉琮(反山出土)

图 11 神像飞鸟纹琮(福泉山出土)

图 12 玉琮(反山出土)

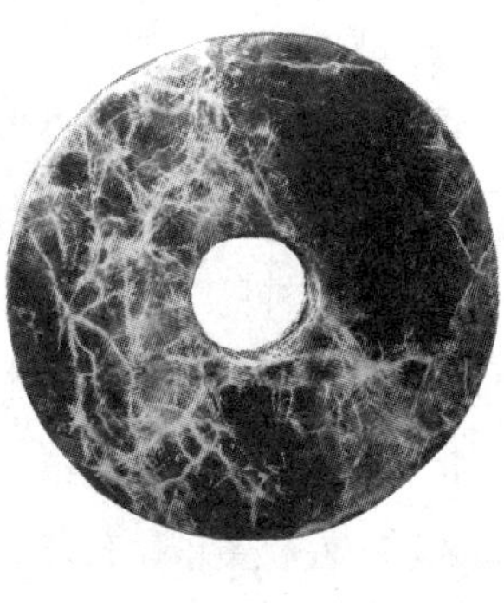

图 13 玉璧（反山出土）
外径 16.2 厘米

❶

❷

❸

❹

❺

❶图 14　玉冠形器（瑶山出土）　上宽 6.4 厘米、高 3.4 厘米

❷图 15　玉冠形器（瑶山出土）　上宽 7.7 厘米、高 5.8 厘米

❸图 16　玉冠形器（反山出土）　宽 8.3 厘米

❹图 17　玉冠形器（反山出土）　高 6 厘米

❺图 18　玉冠形器（反山出土）　高 3.9 厘米

4. 玉冠形器

玉冠形器（图 14~图 18）出土时位于墓葬者头骨一侧，体扁平，呈倒梯形，上端作冠顶状，下端有短榫头，榫上有 2~5 个孔，作用是便于固定在冠上。玉冠形器与玉琮（反山 M12:98）神人兽面纹饰上的羽冠形状相似，由此可以肯定此类器物为冠上的装饰品。

5. 三叉形器

三叉形器呈山字形，底部圆弧状，上端为对称的方柱体平头三叉，三叉顶端或平齐，或中叉较

图 19　三叉形器(瑶山出土)　高 5 厘米

图 20　三叉形器(瑶山出土)　宽 6.9 厘米、通高 5 厘米

图 21　玉锥形器(反山出土)　长 14 厘米

短，正面平整，其上多有线刻或浮雕的兽面纹。三叉形器出土时位于头部，是冠饰（图 19、图 20）。锥形饰多以 3 件、6 件、7 件、9 件为单位，呈集束状置于头部，并与头向一致，是冠上的装饰品，象征着羽毛（图 21）。

良渚文化玉器中还有玉龟、玉鸟、玉鱼、玉蛙等器物（图 22、图 23、图 24、图 25），反映了良渚部族的动物崇拜观念。鸟很可能是良渚部族的图腾，除了玉鸟之外，鸟纹也常见于良渚文化的陶器、玉器上。

良渚文化发现的琮、璧之多，为同时代其他文化所未见。玉器一般出自墓葬，各种玉器的组合有一定的规律，有的有钺无琮，有的有琮无钺，有的琮钺同

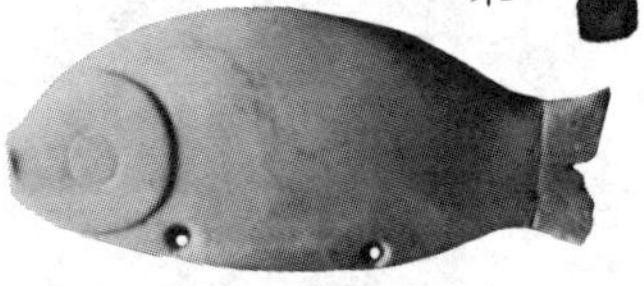

图 24　玉鱼(反山出土)　长 4.9 厘米

图 22　玉龟(反山出土)
长 3.2 厘米

图 23　玉鸟(反山出土)
长 3 厘米、4.3 厘米、2.6 厘米

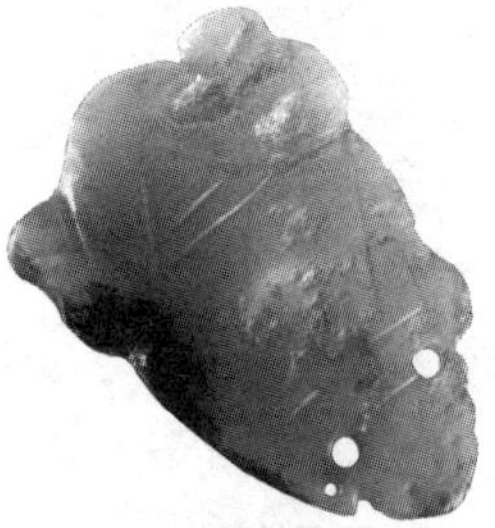

图 25　玉蛙(吴县张陵山出土)
长 4.8 厘米

（图 8~ 图 25　良渚文化玉器）

出。钺一般是掌握军事大权的象征，琮一般是巫师身份的象征。仅出钺者，墓主人生前可能为首领；仅出琮者，墓主人生前可能为巫师。两者同出，墓主人生前可能为军事首领兼巫师。良渚文化玉器表明良渚文化虽是一种宗教氛围很浓的文化，但仍然政教合一，宗教、政治、军事大权集于一人，是中国文明起源的典型模式之一。

三、玉材来源及玉器制作

良渚文化的玉料产于浙江西部的天目山脉、江苏的宜溧山脉以及茅山山脉的个别山体中。

良渚文化的先民制作玉器时，还没有发明金属工具。专家们分析认为当时先民切割玉料时采用的是线锯和条锯，还没有用砣具。纹饰的雕刻工具是用石英石打制成的尖状工具，玉的硬度为摩氏6度，而石英石的硬度为摩氏7度以上，超过了玉的硬度。良渚先民尚玉之风特别浓厚，良渚文化玉器为夏商等朝代继承下来。良渚文化玉器花纹还很稚拙，盛行兽面纹，开启了商代铜器盛行兽面纹的先河。良渚先民创造性地用兽面纹作装饰，为中国文明的发展作出了重大贡献。

第三节　凌家滩文化玉器

一、凌家滩文化

凌家滩遗址位于安徽省含山县铜闸镇西南约10公里处的凌家滩村。时代距今5000余年，相当于大汶口文化中期，有学者将以凌家滩为代表的遗存命名为“凌家滩文化”。通过发掘，考古学家发现了大型排房基址、用鹅卵石和黏土搅拌建造的祭坛和一片墓地。共发掘墓葬44座，出土陶器、石器、玉器、玛瑙等1000余件。

二、凌家滩文化的玉器

凌家滩文化的玉器别具一格，器类有玉人、玉钺、玉龙、玉鹰、斧、环、璧、玦、璜、管、双虎璜、双龙璜、玉龟腹甲、玉龟背甲、三角形玉片、长方形刻纹玉片等。在凌家滩文化出土的玉器中，玉人双手放于胸前，两腿弯曲，呈虔诚敬神的姿势（图26）。玉钺（图27）属兵器类仪仗用器。还有一件玛瑙材料制成的斧（图28），属广义的玉器，其功能与良渚文化的玉钺

图26　玉人
高8.1厘米

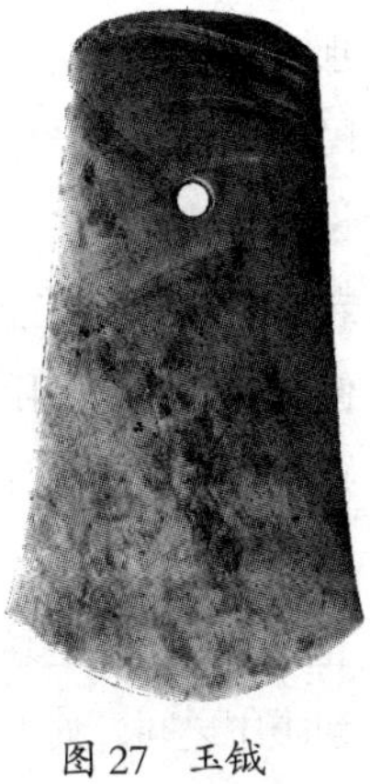

图27　玉钺
长24.4厘米

❶

❷

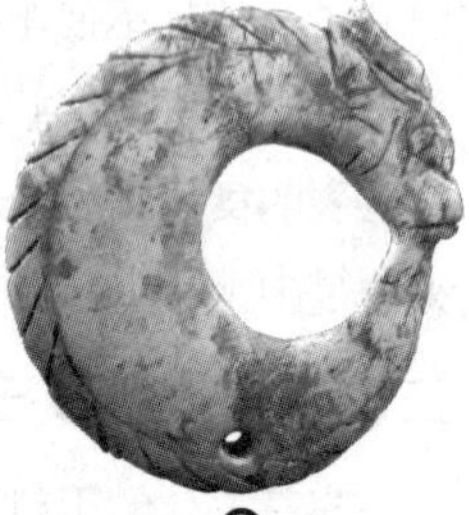
❸

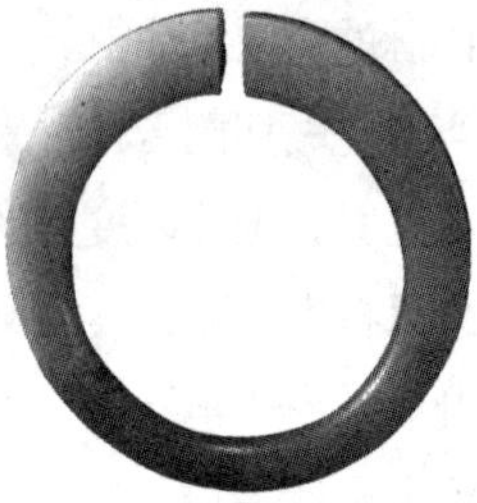
❹

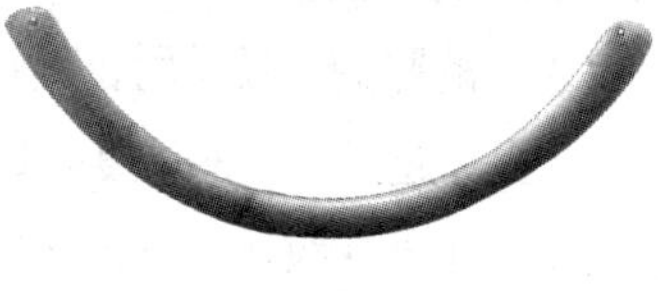
❺

❻

❼

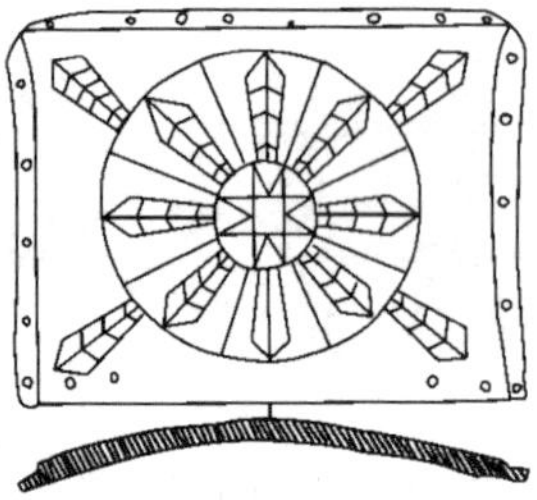
❽

❶图 28　玛瑙斧　长 18.9 厘米
❷图 29　玉鹰　长 8.4 厘米
❸图 30　玉龙　高 4.2 厘米
❹图 31　玉玦　外径 7.2 厘米
❺图 32　玉璜　长 17.9 厘米
❻图 33　玉龟腹甲、背甲长 9.4 厘米、宽 7.5 厘米、高 4.6 厘米
❼图 34　长方形玉片
❽图 35　长方形玉片线图

相同。玉鹰呈展翅飞翔状，腹部刻画圆圈纹和八角星纹（图 29）。能够把一个圆分成八等分，说明那时人们已具备了一定的几何知识。圆圈和八角星纹象征着光芒四射的太阳，玉鹰可能是凌家滩居民崇拜的太阳神雕像。玉龙（图 30）器身扁平，首尾相连，造型完美，刀法简练，栩栩如生，造型设计既接受了红山文化的影响，又具有地方特色。玉玦为圆环形，有一缺口（图 31）。《楚辞·湘君》中有一句“捐余玦兮江中”，宋洪兴祖在《楚辞补注》中解释说：“（王逸）注曰：‘玦，玉佩，先王所以命臣之瑞。故与环即还，与玦即去也。’补曰：‘捐，音沿。玦，古穴切，如环而有缺。’《左传》曰：‘佩以金玦，弃其衷也。’《荀子》曰：‘绝人以玦。’皆取弃绝之义。《庄子》曰：‘缓佩玦者，事至而断。’《史记》曰：‘举佩玦以示之。’皆取决断之义。”由此可知，佩玦有弃绝和决断之意。玉璜为近半圆形（图 32）。玉龟与画有图案的长方形玉片同出，玉片放在背甲与腹甲之间，其上的图案代表八个方向，可能是《周易》八卦图的原始雏形，也与“河出图，洛出书”的神话传说有关（图 33、图 34、图 35）。在凌家滩遗址还出土了一组制造玉器的工具，其中的

一件石钻（图36），两端带钻头，为以前所未见，弥足珍贵。

凌家滩文化早于良渚文化，是红山文化向南传播的中介。

图36　石钻　长6.2厘米

（图26~图36　凌家滩文化玉器）

第四节　石家河文化玉器

一、石家河文化

石家河文化主要分布于汉水中下游地区，北至南阳盆地，南达澧水以北，西至鄂西，最远到达西陵峡地区。时间约为公元前2700—前2000年。陶器的主要器形为宽扁足的鼎、管状嘴大袋足盉、圈足盆形甑、斜直壁杯、粗高圈足镂孔豆、折沿深腹罐、小口高领罐、直口缸、高柄杯、高领广肩急收腹小平底壶、鬶、花瓣式纽器盖等。1990—1991年，在天门石家河发现了一座史前时期的第三大古城，面积达120余万平方米。该城始建于屈家岭文化中期，使用至石家河文化早期。石家河文化的居民属苗蛮集团，是兴起于江汉地区的强大民族。

二、石家河文化的玉器

在石家河古城南肖家屋脊遗址发现了一批玉器，总计157件。其中，109件出于瓮棺葬，33件出于文化层，1件出于灰坑，14件从遗址上采集而来。

玉器的种类有人头像7件（图37、图38、图39），玉蝉33件（图40），虎头像9件

❶

❷

❸
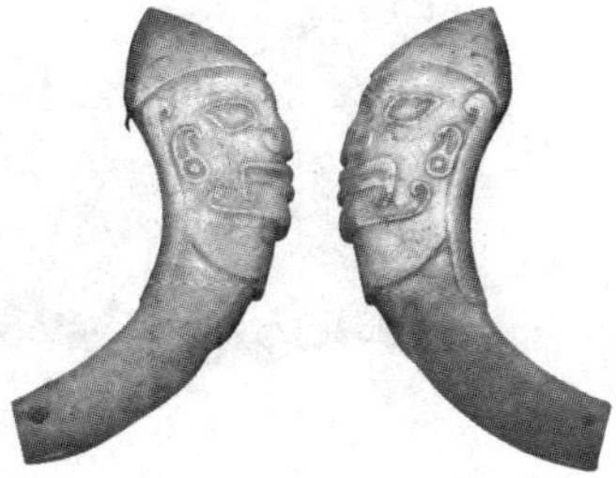

❹

❶图37　玉人头像（肖家屋脊出土）
长2.85厘米、宽2厘米
❷图38　玉人头像（肖家屋脊出土）
长3.7厘米、额顶最宽处3.6厘米
❸图39　玉人头像(肖家屋脊出土)
❹图40　玉蝉(肖家屋脊出土)
长3.1厘米

❺

❻

❼

(图41)，玉鹰1件（图42)，盘龙1件（图43)，羊头像1件，鹿头像1件，玉笄5件，柄形饰7件，长方形透雕片饰1件，玉管11件，玉坠4件，玉璜4件，玉圆片3件，牌形饰2件，玉珠10件，纺轮1件，锛1件，刀1件。

经对5件采集品进行鉴定，这些玉器均为透闪石质软玉。从颜色看属于青白玉，玉矿成分以 SiO_2 为主，占56%以上，其次是MgO、CaO等物。

石家河文化的玉器还发现于钟祥六合（图44、图45)、荆州枣林岗、石家河罗家柏岭、澧县孙家岗等遗址。

石家河文化居民的玉器数量远远少于良渚文化玉器，似乎与石家河文化庞大的规模不相称。这可能与玉材的来源稀少有关，或者与石家河文化的思想信仰有关。

❽

❾

❺图41　玉虎头像(肖家屋脊出土)　宽3.5厘米、高2.8厘米
❻图42　玉鹰(肖家屋脊出土)　长1.9厘米
❼图43　玉龙(肖家屋脊出土)　最大径3.8厘米
❽图44　玉人头像(钟祥六合出土)　长2.6厘米
❾图45　玉虎头像(钟祥六合出土)　厚0.4厘米

(图37~图45　石家河文化玉器)

第三章　夏、商、西周时期玉器

第一节　夏朝(二里头文化)玉器

一、二里头文化（夏文化）

1959 年，徐旭生率队发现并发掘了河南省偃师县二里头遗址，以后又多次发掘，至今发掘工作仍在继续。二里头考古工作已取得重大进展，发现了分布着八座宫殿建筑的宫城，发掘了大型宫殿基址四座（图 46、图 47、图 48）以及一批墓葬(图 49)，出土了大批青铜器、玉器、陶器等遗物。另在河南省的新密新砦、陕县七里铺、洛阳东干沟、临汝煤山、郑州洛达庙等地和山西南部夏县东下冯等地也发现了同类遗存。河南伊河、洛河流域，颍水、汝水上游以及山西汾河下游也是这类遗存的

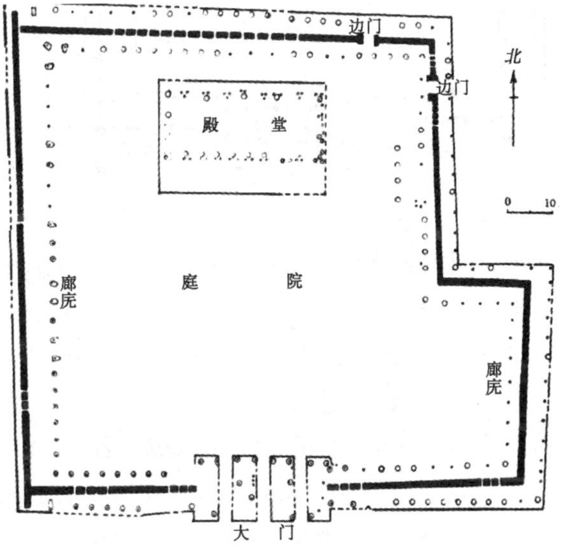

图 46　二里头一号宫殿遗址平面图

图 47　二里头一号宫殿复原图

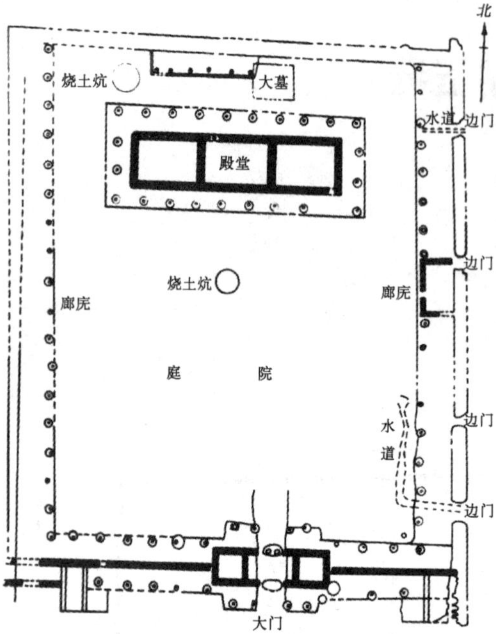

◀ 图 48　二里头二号宫殿遗址平面图

▲ 图 49　二里头遗址 11 号墓随葬器物出土情形

集中分布区域。因这类遗存首先发现于二里头遗址，故称这类遗存为二里头文化。经过 C^{14} 测定，二里头文化共分为四期，时间跨度为公元前 1900—前 1600 年，分布范围主要在豫西和晋南地区，从时间和空间上分析，与历史上文献记载的夏朝相符。

北京大学邹衡先生主张二里头文化四期都是夏文化，有的学者认为龙山文化晚期也是夏文化，从二里头遗址的规模来看，它当是夏朝的都城。有人受疑古学派的影响，至今怀疑夏朝的存在。笔者认为夏朝肯定是存在的，二里头文化的考古资料便是最好的证据。关于夏朝历史的文献资料虽简单，但绝不是凭空杜撰的。司马迁在《史记》一书中写了一篇《殷本纪》，王国维根据安阳殷墟出土的甲骨文论证《史记》所记基本正确，只有个别记载有误，由此推测《史记》中的《夏本纪》也基本可信。《论语·为政》载孔子说："殷因于夏礼，所损益可知也；周因于殷礼，所损益可知也；其或继周者，虽百世可知也。"《论语·八佾》载孔子说："夏礼吾能言之，杞不足征也；殷礼吾能言之，宋不足征也，文献不足故也，足，则吾能征之矣。"孔子距夏朝千余年，认为夏朝存在，也是言之有据的。夏朝自禹至桀，传十四世，共十七王，历时 400 余年，约公元前 21 世纪至公元前 16 世纪存在。

二、夏代的玉器

夏代的玉器主要发现于二里头遗址。器类可分为装饰类、礼仪类、工具类，装饰类玉器有镯、柄形饰、玦、环、管、坠等；礼仪类玉器有玉璋、钺、戈、琮、刀等；工具类玉器有铲、镞、纺轮等。总的来讲，夏朝时民风淳朴，尚玉之风远逊于良渚文化。夏朝西与羌族毗邻，东与东夷接壤，南有强劲的对手三苗，北部有荤粥。夏民族在强邻压境的环境中，将主要精力消耗在战争中，反映在玉器上，以武器类玉器如玉璋、戈、钺、刀等为主，都很有特色。

夏、商时期的戈为三角援，这是夏、商戈的标准样式（图 50）。玉柄形饰出土较多，做工细致，是一种装饰物品（图 51、图 52）。玉刀穿有七孔，便于固定刀柄（图 53）。玉璋与祭祀、调兵遣将等有关，玉璋最早见于陕西北部新石器时代的齐家文化，夏朝吸收了这一文化元素（图 54）。玉钺是一种象征军权的器物（图 55）。

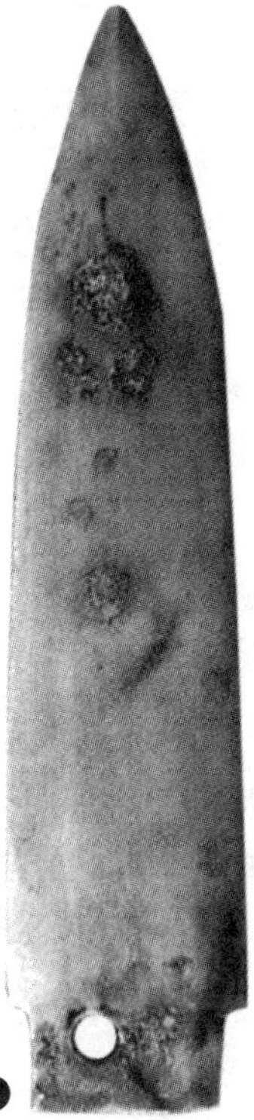
❶

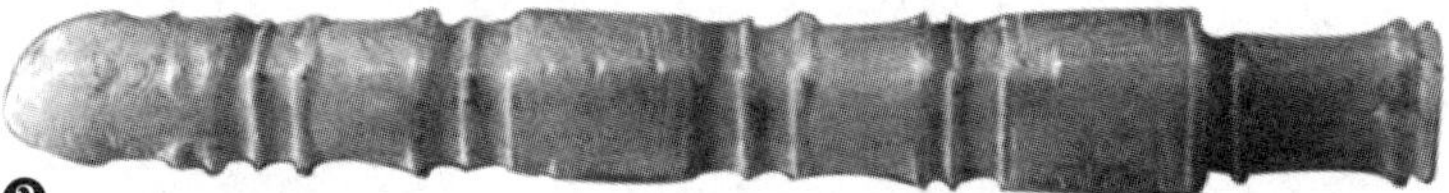
❷

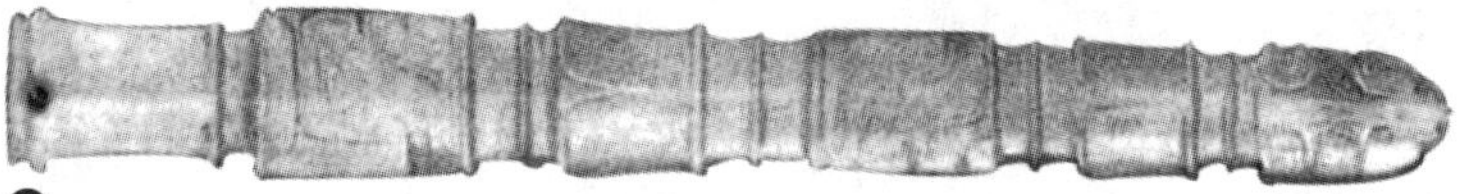
❸

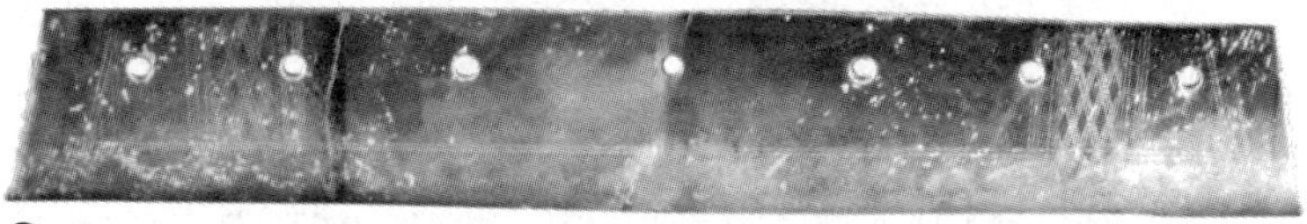
❹

❻

❺

❶图 50　玉戈
❷图 51　玉柄形饰
❸图 52　玉柄形饰
❹图 53　七孔玉刀
❺图 54　玉璋
❻图 55　玉钺

（图 50~ 图 55　二里头文化的玉器）

第二节　商朝玉器

一、商代文化的分期

商朝自成汤建国至纣灭亡，约400余年，即从公元前16世纪至公元前11世纪。《史记·殷本纪》集解引谯周曰："殷凡三十一世，六百余年。"《汲冢纪年》曰："汤灭夏以至于受二十九王，用岁四百九十六年也。"商朝历史上曾六次迁都，"汤始居亳"，"帝仲丁迁于隞"，"河亶甲居相"，"祖乙迁于邢"，"南庚迁奄"，"盘庚迁殷"。《史记·殷本纪》正义引《竹书纪年》："自盘庚徙殷，至纣之灭，二百七十三年，更不徙都。"

从考古学上来看，商代前期以二里冈商文化为代表，又可细分为二里冈下层一期、二里冈下层二期、二里冈上层一期、二里冈上层二期。二里冈是郑州商城南部一个遗址的名称，其地层叠压关系和出土器物具有代表性。商代前期考古分期是以二里冈地层叠压关系为基础，根据器物尤其是陶器的变化频率来确定的。器物的变化是有内在规律的，特别是制作技术复杂的器物，其变化轨迹尤为明显，如二里冈文化的陶鬲，一、二期的陶鬲绳纹细密，器壁较薄，圆唇，三、四期的绳纹粗放，器壁较厚，方唇，颈部有连珠纹。

商代晚期以殷墟商文化为代表，也称小屯文化。殷墟位于今河南省安阳市西北的小屯村一带。殷是商后期的首都。商后期从盘庚迁殷开始，自到商纣王灭亡，均都于此。虽然古文献中很早就提到了殷墟，但在近代它才重新引起人们的重视，其间经历了一个复杂的过程。1899年，国子监祭酒王懿荣第一个认出了甲骨文并最早对其收藏研究，随后收藏甲骨的人逐渐增多，如王襄、孟定生、刘鹗、罗振玉等人。罗振玉从古董商那里最先了解到甲骨出土于殷墟，于是先派他的弟弟罗振常等人到安阳搜求甲骨。1915年，他又亲自到安阳小屯了解甲骨的出土情况，安阳殷墟越来越受到人们的重视。1928—1937年，当时的历史语言研究所考古组对安阳殷墟进行了15次发掘，由李济、梁思永等人主持，发掘工作取得了重大成就，发掘出了小屯宫殿区、侯家庄西北冈王陵区，出土甲骨文24918片，还出土了大量的青铜器、陶器、玉石器、角、牙器、骨器和蚌器等，采集了大量的人骨、兽骨标本。发掘工作因日本发动全面侵华战争而停止。

1950年，中国科学院考古研究所恢复了对安阳殷墟的保护与发掘工作，一直到现在工作仍持续开展着。经过大面积的勘探、发掘和保护工作，考古人员发掘出了铸铜作坊、制骨作坊、制玉作坊等，并发掘了妇好墓、殷墟西区族墓地等墓葬，在小屯南地、花园庄东地等处出土了大批新的甲骨文资料。更令人惊喜的是，1999年发现的略早于殷墟的洹北商城，可能就是盘庚所迁的"殷"或者是河亶甲所迁的"相"。安阳殷墟被誉为"考古学界的黄埔军校"，培养了一代又一代的考古学家。2006年7月13日，第30届世界遗产大会投票通过中国安阳殷墟入选世界文化遗产名录。

殷墟文化可分四期，有两种分法，稍有差异。中国社会科学院考古研究所所分的四期是：第一期，约当武丁时期或稍早；第二期，约当祖庚、祖甲前后；第三期，约当康丁、武乙、文丁时代；第四期，属帝乙、帝辛时代。

北京大学邹衡先生所分的四期是：第一期，约当盘庚、小辛、小乙时代；第二期，约当武丁、祖庚、祖甲时代；第三期，约当廪辛、康丁、武乙、文丁时代；第四期，属帝乙、帝辛时代。

殷墟的分期也是根据殷墟地层叠压关系和对铜器、陶器、甲骨文的综合研究而确定的。殷墟陶鬲变化规律清楚，足跟越来越矮，几至于无，器体由纵长方形变为横长方形。其他器物变化亦有规律可循，并且殷墟陶器与甲骨文共存，二者结合研究，就可将陶器断代与商王联系起来。

二、殷墟玉器的材料来源与分类

商朝玉器集中发现于安阳殷墟。殷墟经考古发掘出土的玉器约2000余件，绝大多数出土于大墓和中型墓中，小墓和居住址很少发现，这是因为只有贵族才能够享用玉器。殷墟妇好墓出土玉器多达755件。

殷墟玉器色彩多样，以绿色最多，有墨绿、淡绿、茶绿、黄绿等，其次为黄褐色和棕褐色，灰色、白色、黄色的较少，黑色、蓝色、银灰色、橘红色的更少。经初步鉴定，玉料有的来自新疆和田，有的来自南阳独山，有的来自辽宁岫岩。从玉材的来源地看，至迟在商代，中原地区与新疆地区已有了密切联系，在丝绸之路形成以前，已经先有一条玉器之路。《穆天子传》中说周穆王到过新疆，原来没什么证据。现在看来，周穆王是否到过新疆虽还不能确定，但新疆与内地在商代就已经有了比较密切的联系，这种联系甚至还可以上溯至石器时代。这是我们过去在文献上见不到的，但考古学提供了确凿的证据，改变了我们过去的认识。

殷墟玉器大多在殷墟本地制造，有的玉器属方国的贡品。陈志达先生研究殷墟玉器后，认为殷墟玉器在琢玉工艺方面有四个特点：（1）选料用料似有缜密考虑。（2）造型丰富多彩，精细入微。（3）玉器花纹匀称协调，线条流畅。（4）比较熟练地掌握了镂空、钻孔和抛光等技术。

根据殷墟玉器的用途，可将殷墟玉器分为礼器、武器、工具、用具、装饰品、杂器等六大类。⑴礼器有琮、圭、璧、环、瑗、玦、璋、簋、盘等；⑵武器有戈、矛、戚、钺、镞、大刀等；⑶工具包括斧、凿、锛、锯、刀、槌、纺轮、铲、镰等；（4）用具包括臼、杵、梳、耳勺、匕、玉扳指等；（5）装饰品种类繁多，用于佩戴、镶嵌或陈设，如人像、各种动物、柄形饰、牌形饰、牙璧、笄、冠饰、手镯、坠饰、串珠等；（6）杂器包括玉马嚼、玉策、玉弭、玉琀（为了使尸体保持不朽，古人用各种形状的小玉具遮盖死者的双目，充塞死者的耳、鼻、口等孔穴，含在口中的称“琀”）等。

三、玉器举例

1. 玉人

玉人呈跪坐姿势（图56、图57），过去用阶级观点解释，认为这种姿势的玉人是奴隶身份。从文化史的角度来看，商代还没有桌子、凳子，当时的人们都是席地而坐，这种跪姿应是一种正常的姿势，不能说这个玉人是奴隶，很可能她的身份还很高贵。在著名的鸿门宴上，刘邦大将樊哙闯入，气氛顿时紧张，项羽则“按剑而跽”，“跽”就是臀部离开足跟，身体向上挺起，准备战斗，说明秦汉之际人们仍然席地而坐，这种习惯一直延续到唐朝，才有高桌子和高凳子出现。我们从影视作品上也可以看到近邻韩国、日本至今还保留着席地而坐的传统习惯。

2. 玉琮

良渚文化先民发明的玉琮为商文化所继承。因为原始宗教信仰观念是不容易变化的，所以为其服务的配套法器也就相对稳定，不过造型还是发生了变化，商代玉琮已由良渚文化的多节变为一节，也不见兽面纹的装饰花纹（图58）。

3. 玉簋

玉簋（图59）是装饭食的器皿，祭祀时用于敬奉神灵，主要是敬奉祖先神和自然神。

图56　玉人

图57　玉人

图58　玉琮

图59　玉簋

4. 动物

动物多成双成对出现，如玉龟（图 60）、玉象（图 61）、玉马（图 62）、玉鹅（图 63）、玉鹦鹉（图 64）等，神态自然，十分可爱。这些动物不仅具有很高的艺术欣赏价值，是研究商代艺术史的珍贵史料，还对气象史、宗教史的研究有帮助。

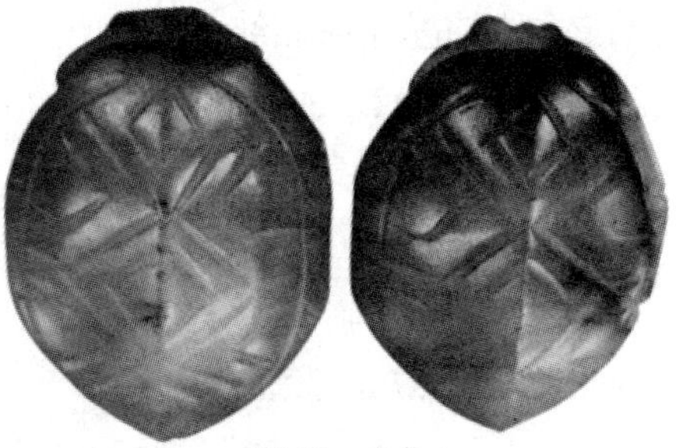

图 60　玉龟

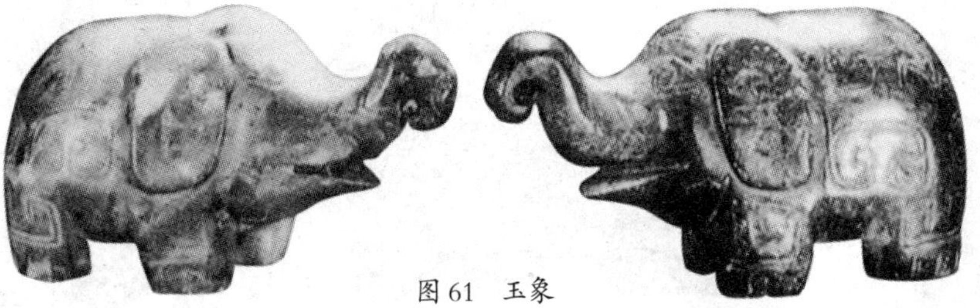

图 61　玉象

图 62　玉马

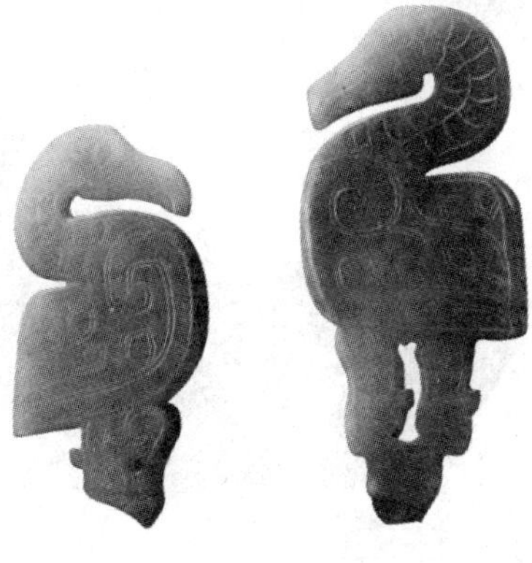

图 63　玉鹅

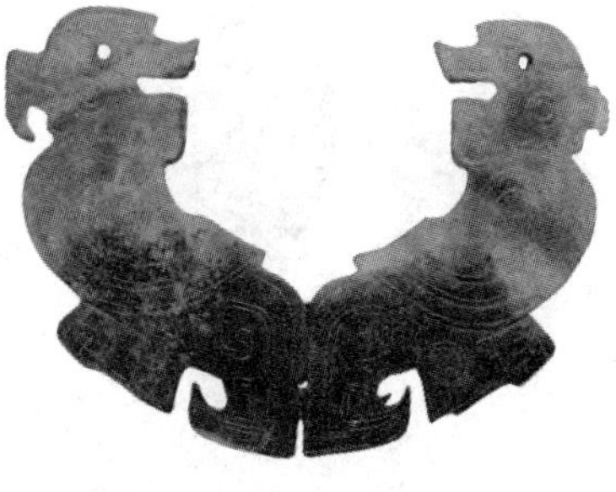

图 64　玉鹦鹉

考古学者在安阳商代遗址发现了大象的骨骼，竺可桢利用考古材料，研究中国五千年来的气候变迁，指出安阳殷墟在商代气候是温暖湿润的。玉器中发现了造型逼真的大象，又可增加一个重要证据。现在的安阳已经变得比较干燥了，生态环境也发生了很大的变化。

玉龟能够反映商朝时期人们的信仰。商朝时，因为乌龟长寿，故被视为神兽，因此龟甲成为占卜的一种珍贵材料。商代甲骨文就是刻在龟甲兽骨上的占卜文字，现已成为研究商代历史的第一手资料。据甲骨文记载，有的龟甲是其他方国的贡品。因为龟是一种宝贵的动物，所以玉器中也有这类作品。这种宝龟的传统自红山文化就已经开始了。

玉怪鸟（图 65）、玉牛（图 66）的造型栩栩如生，玉材的质量也堪称上乘。

玉龙身体蜷曲，身上刻画着重环纹、云纹、三角纹形的鳞甲（图 67~图 72），商代玉龙与红山文化、凌家滩文化、石家河文化的玉龙相比，有继承也有发展，特别是纹饰具商代特色。龙能兴云致雨，又能助人升天，中华民族对于龙的崇拜可以说是源远流长。

图 65 玉怪鸟

图 66 玉牛

图 67 玉龙与怪鸟

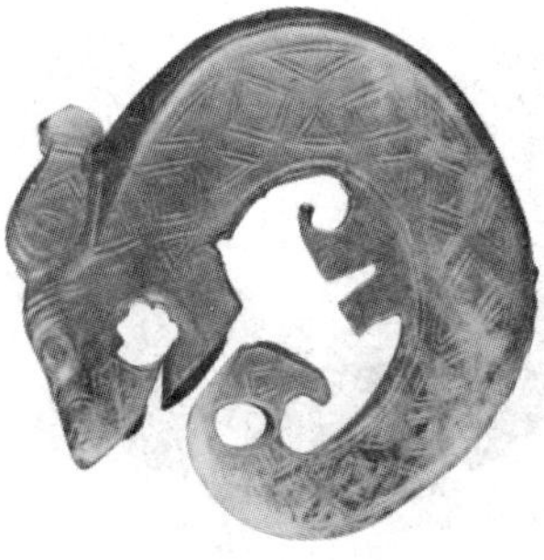

图 68 玉龙

图 69 玉龙

图 70 玉龙

图 71 玉龙

图 72 玉龙

玉凤有高冠，甲骨文中的“凤”字正是凤的象形。图 73 中的玉凤正在飞翔，艺术家捕捉住了凤飞翔的一瞬间，凝固在艺术品上，成为千古绝唱。

玉虎或取蹲姿，或向前猛扑，神态活灵活现（图 74~76）。老虎也是一种具有神性的动物，东晋葛洪《抱朴子》记载：“若能乘蹻者，可以周流天下，不拘山河。凡乘蹻道有三法，一曰龙蹻，二曰虎蹻，三曰鹿蹻。”在道教中，老虎也可助人升天。有的民族以虎为图腾，如巴人崇拜白虎，兵器上铸刻着凶猛的老虎，乐器淳于上铸有虎钮。越人也崇拜虎，江西新干大洋洲铜器口沿上往往矗立两只老虎，这都是古代图腾信仰的孑遗。

图 73　玉凤

图 74　玉虎

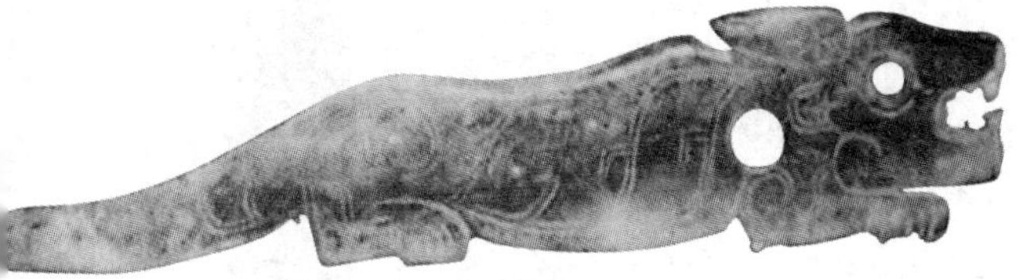

图 75　玉虎

图 76　玉虎

（图 56~ 图 76　安阳殷墟出土的玉器）

第三节　三星堆文化玉器

一、三星堆文化

三星堆文化的时代相当于中原夏、商时期，主要分布在成都平原，是古蜀人创造的文化。当时蜀人已经建国，是独立的国家。蜀国定都于今四川广汉的三星堆古城，然后因某种原因，政治中心转移到成都金沙。三星堆两个祭祀坑和金沙遗址出土的玉器很多，与中原相比，既有相似之处，又有地方特色。三星堆文化的玉器，年代相当于商晚期。

二、三星堆祭祀坑出土的玉器

（一）三星堆祭祀坑玉器的时代

1986 年 7–9 月，考古人员在三星堆发掘了举世瞩目的一、二号祭祀坑。陈德安在正式报告中认为一号祭祀坑出土的有年代特征的器物，早的可至郑州二里冈上层或更早，晚的则相当于殷墟一期，一号祭祀坑埋藏年代的下限不会晚于殷墟二期，上限不会早于殷墟一期，应在殷墟一期之末与殷墟二期之间。二号祭祀坑出土器物的年代属殷墟二期，埋藏年代应在殷墟二期至三、四期之间。

（二）三星堆玉器举例

1. 玉璋

玉璋起源于龙山时代晚期，夏商时期流行于中原。因受中原文化的影响，三星堆也出土了不少玉璋。1929 年，燕家院子出土多件玉璋，其中四川省博物馆藏 3 件，四川大学博物馆藏 4 件。一号祭祀坑出土 40 件，二号祭祀坑出土 17 件，另有璋形饰 3 件。璋是三星堆玉器中主要器类，分为三种类型。

A 型（图 77），呈平行四边形，后部一般有一个圆形穿孔，称之为“边璋”。如标本 K1：81、97，两端饰平行线和网状纹，残长 162 厘米，可以说是一件“璋王”。K2③：201-4，射端较宽，邸端折收变窄。璋上两面各有两幅对称图案，绘有山、船、象牙状物、璋、跪坐人、立人、云雷纹图案。该图案描绘的是当时人们在山上祭祀的场景。为什么要在山上举行祭祀活动呢？因为我们的祖先迷信巫术，而山顶是神居住和巫师登天的地方。《山海经》等书里多有记载，《西山经》：“昆仑之山，是实唯帝之下都。”“玉山，是西王母所居也。”《大荒西经》：“有灵山……十巫从此升降。”后来佛、道两教占据天下名山，就与这种原始巫术的信念有着密切的联系。玉璋上的这种宗教活动画面直观地反映了古蜀人的宗教信仰。

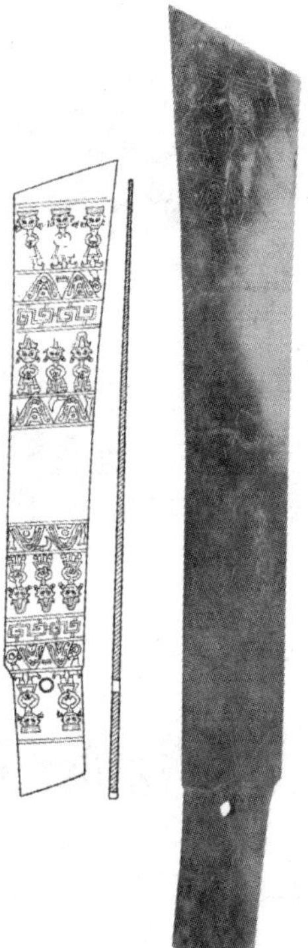

图 77　玉璋（三星堆二号祭祀坑出土）

B 型，射端刃微凹，呈凹弧形，阑部一般有一个圆形穿孔（图 78、图 79）。

图 78　玉璋（三星堆一号祭祀坑出土）

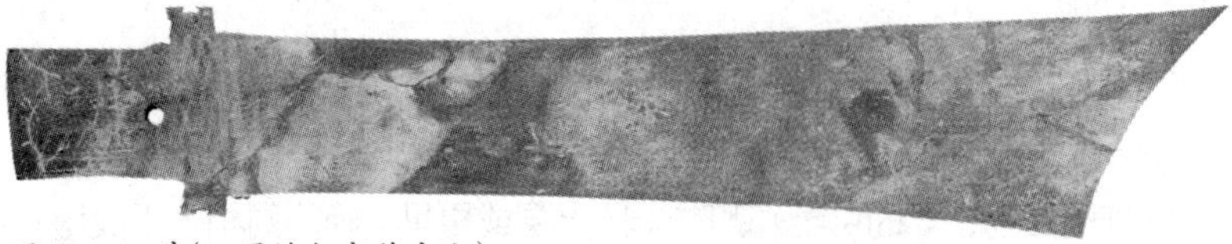

图 79　玉璋（三星堆赵家营出土）

▲ 图 80　玉璋(三星堆二号祭祀坑出土)
▼ 图 81　玉璋(三星堆二号祭祀坑出土)

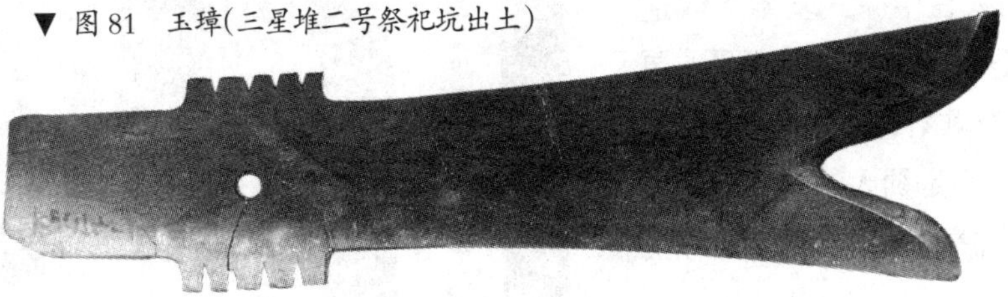

C 型，射端刃呈 V 字形，一锋稍长，一锋略短。阑部一般有一圆形穿孔（图 80、图 81)。

关于玉璋的用途，三星堆祭祀坑出土的器物为我们提供了很好的线索。二号坑出土 1 件铜持璋小人像（K2③：325)，其头部已残，上身赤裸，两臂平抬，双手握一璋，下身着裙，腰间系带，跣足跪坐，作献祭之状。二号坑出土的 A 型玉璋（K2③：201-4）在每幅图案的山两侧各立一玉璋，山顶上为 3 个跪坐人像，亦作献祭之状。我们推测持璋者和跪坐人是巫师，他（她）们正在从事祭祀活动，玉璋则是祭祀用的法器。《周礼》的有关记载可以作为研究玉璋用途时的参考，《周礼·典瑞》载："璋邸射，以祀山川，以造赠宾客。""牙璋以起军旅，以治兵守。"《周礼·考工记·玉人》载："大璋、中璋九寸，边璋七寸，射四寸，厚寸……天子以巡守。……大璋亦如之，诸侯以聘女。瑑圭璋八寸，璧琮八寸，以頫聘。牙璋中璋七寸，射二寸，厚寸，以起军旅，以治兵守。……璋邸射素功，以祀山川，以致稍饩。"可见不同的璋有不同的功能，"天子巡狩"、"诸侯聘女"、"頫聘"、"起军旅，治兵守"、"祀山川"、"造赠宾客"等活动都要用璋，看来璋的用途非止祭祀一种。

璋的阑上一般有一圆形穿，此穿上原来当系有装饰品。《周礼·考工记·玉人》载："大璋、中璋九寸，边璋七寸……有缫。""缫"就是"丝绸"。不同身份的人，所系缫的颜色、种类不同，如《周礼·典瑞》载："王晋大圭，执镇圭，缫藉五采五就以朝日。公执桓圭，侯执信圭，伯执躬圭，缫皆三采三就。子执穀璧，男执蒲璧，缫皆二采再就，以朝觐宗遇会同于王。诸侯相见，亦如之。瑑圭璋璧琮，缫皆二采一就，以頫聘。"

2. 玉戈

一号坑出土戈 18 件，二号坑出土戈 21 件。根据戈的形制，大致可分为两种类型，一种为中原式三角援直内戈，这种戈是从中原学过来的，有的戈近阑处饰两重长方形内填三角纹，纹饰具地方特色（图 82～图 88）。另一种戈（K1:235-5）是蜀人在中原式基础上改造而成的，前锋开叉，这种形制在中原不见，更有新意的是在戈的前锋雕刻有一只鸟（图 89～图 93）。这只鸟笔者认为是蜀人的图腾“凫”，因为凫是蜀人崇拜的图腾，所以要把它刻在戈前锋最显著的位置上。

图 82　戈（三星堆二号祭祀坑出土）

图 83　玉戈（三星堆二号祭祀坑出土）

图 84　玉戈（三星堆二号祭祀坑出土）

图 85　玉戈（三星堆二号祭祀坑出土）

玉戈与铜戈形制相似，无使用痕迹，不是

❶

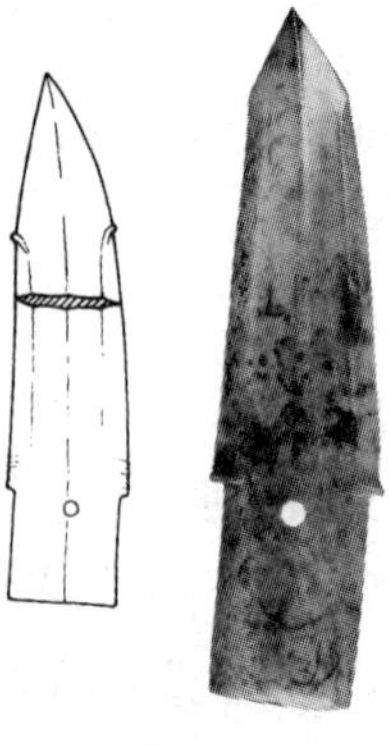

❷

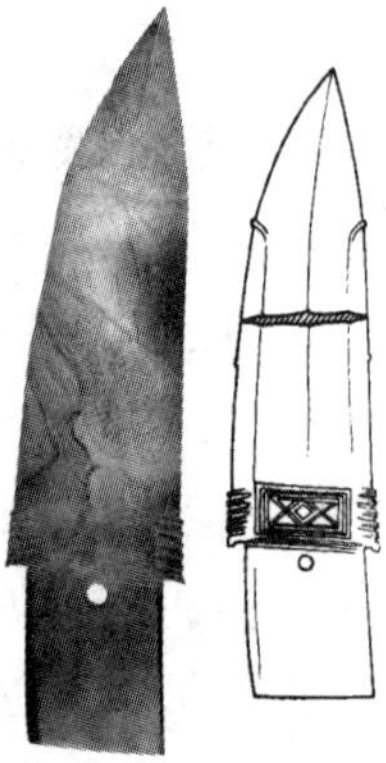

❸

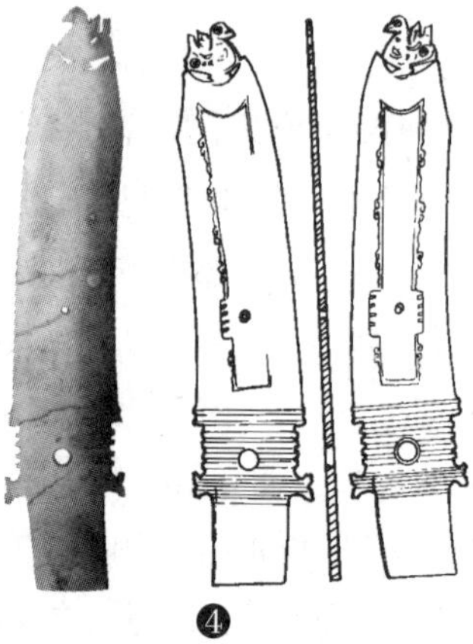

❹

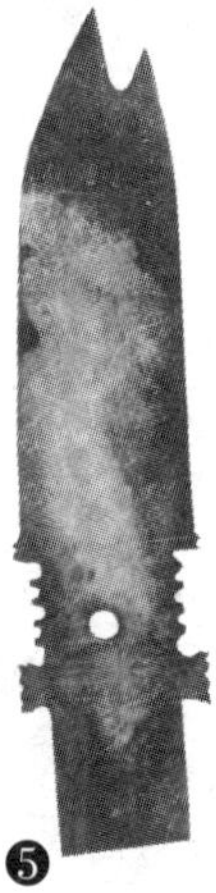

❺

❻

❼

❽

❶ 图 86　玉戈（三星堆一号祭祀坑出土）
❷ 图 87　玉戈（三星堆二号祭祀坑出土）
❸ 图 88　玉戈（三星堆一号祭祀坑出土）
❹ 图 89　玉戈及其线图（三星堆一号祭祀坑出土）
❺ 图 90　玉戈（三星堆一号祭祀坑出土）
❻ 图 91　玉戈（三星堆一号祭祀坑出土）
❼ 图 92　玉戈（三星堆一号祭祀坑出土）
❽ 图 93　玉戈（三星堆一号祭祀坑出土）

实用器物，在祭祀礼仪活动中作仪仗使用。

3. 柳叶形剑

一号坑出土 1 件（K1:280）。形似柳叶，前锋已残，扁茎无格，茎上有一圆形穿孔，为蜀式柳叶形剑之鼻祖（图 94）。柳叶形剑是流行于巴蜀地区的典型短兵器，学者研究认为这种剑是由蜀人发明，然后才流传开来的。

4. 玉璧

三星堆出土的玉璧穿孔处两边凸出（图 95），与殷墟玉璧的形制相似，应该是受了商文化的影响。

5. 玉琮

玉琮只一节，也与殷墟玉琮形制相似。夏商以后玉琮一般不再分节（图 96）。

6. 玉凿

玉凿为长条形，在金沙一座墓里随葬数十根，有的用石头磨成（图 97）。这种凿形器可能是医生使用的砭，用以挤按脓疮。现在还有词语“针砭时弊”。

三、金沙遗址出土的玉器

（一）金沙玉器的时代

金沙遗址位于成都市区西部的二环路与三环路之间，东距市中心 5 千米，隶属青羊区苏坡乡金沙村和金牛区营门口乡黄忠村。现已探明遗址面积达 3 平方千米，北达羊西线，东临同和路和青羊大道，西至三环路，南接清江中路和西路（图 98）。遗址地势平坦，相对高差不过 5 米。遗址北侧是郫江故道。磨底河由西向东蜿蜒曲折地横穿遗址中部，把金沙遗址分为南北两区，北为黄忠村，南为金沙村，南部 1.5 千米处是清水河。成都市文物考古研究所在此进行了大规模发掘，陆续公开发表了一些成果。

2001 年 2 月 -6 月，考古人员在梅苑发掘面积达 3625 平方米，从机械挖开的剖面上观察，地层堆积达 4.5 米，文化层可分 16 层，现已发掘至第 8 层。第 7 层出土的器物有尖底杯、圈足

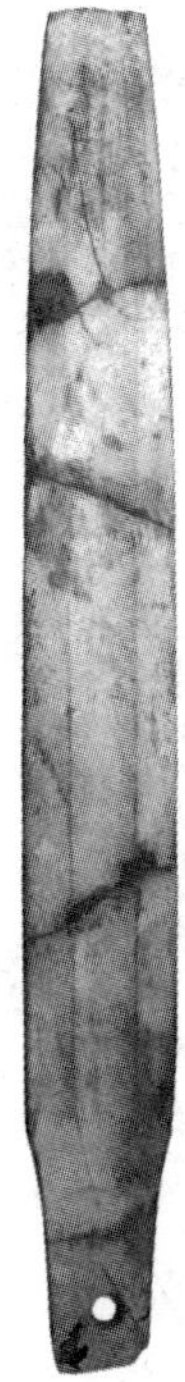

图 94 玉柳叶形剑（三星堆一号祭祀坑出土）

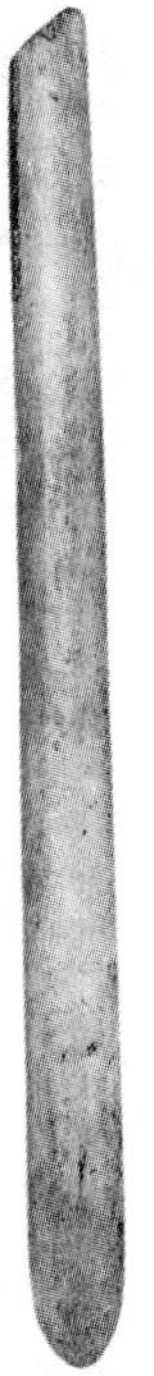

图 97 玉凿

图 95 玉璧

图 96 玉琮

（图 77~ 图 97 三星堆祭祀坑出土的玉器）

罐、高领罐等，第 6 层出土遗物与第 7 层接近，第 5 层器物有较大变化，有喇叭口罐、直口尖底盏。发掘者认为第 6、7 层与十二桥文化一期晚段相同或相近，时代当在西周早期；第 5 层与十二桥文化二期晚段相似，时代约在春秋前期。

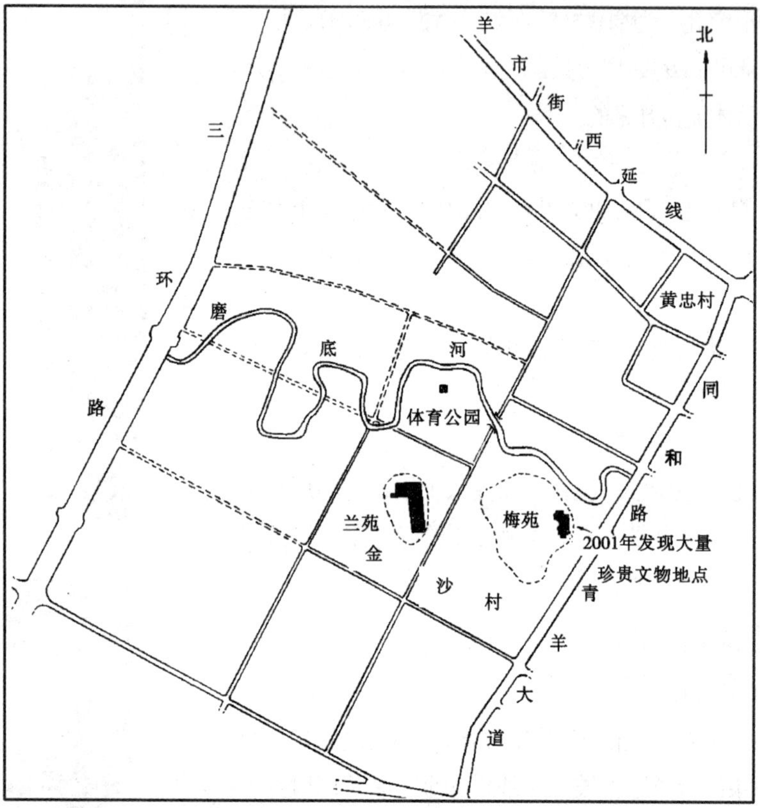

图 98　金沙遗址示意图

兰苑文化堆积的时代略早。兰苑大多数探方早期文化层可分 3 层，即第 5~7 层，第 5 层为深褐色土，第 6 层为浅褐色土，第 7 层为居住面，是有意铺垫的黄土，分布面较大，居住面上有房子等遗迹。少数灰坑开口于第 4 层之下，如 H305。有的墓葬、灰坑开口于第 r 层之下，打破第 6 层和第 7 层。有的灰坑和墓葬开口于第 6 层之下，打破第 7 层。局部地方第 4 层下灰坑出土有尖底盏、尖底杯、尖底罐等器物。因此，兰苑地层关系可表示为第 4 层下灰坑→第 5 层→开口于第 5 层之下的墓葬、灰坑→第 6 层→开口于第 6 层之下的灰坑、墓葬→第 7 层。根据器物群的特征，地层可以分为两组：第 7 层，开口于第 6 层之下的灰坑、墓葬，第 6 层，开口于第 5 层之下的灰坑、墓葬以及第 5 层可以归为第一组，第 4 层下灰坑可以归为第二组。第一组出土的陶器有小平底罐、高柄豆、盉、尖底杯、器盖、高柄豆形器座、瓶，兰苑第一组划为三星堆文化第三期，时代约相当于殷墟二、三期之际。兰苑第二组出土有敛口尖底盏、尖底杯、尖底罐等器物，与梅苑第6、7层时代相当，时代相当于殷墟四期。

金沙玉器大多是推土机挖地基时挖出来的，因此失去了原生层位，但从其物形态来看，时代应与兰苑第一组时代相近。

(二) 金沙玉器举例

1. 玉贝

玉贝的玉质很好，仿海贝而成，极具观赏价值（图99）。在货币史上，海贝曾经做过货币，所以汉字的货、寶（宝）、贩、贱等与钱有关的字都有贝字偏旁。

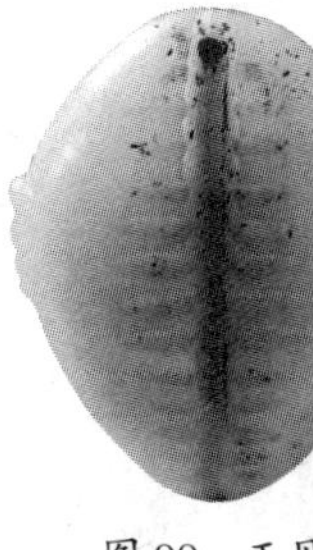

图99　玉贝

图100　玉璧

2. 玉璧与玉牙璧

玉璧孔沿凸起，是商代玉璧的流行造型（图100），当与使用方式有关。玉璧外周边沿有锯齿状装饰，称为牙璧（图101）。这种牙璧并没有出现在新石器时代，应流行于商代以后。

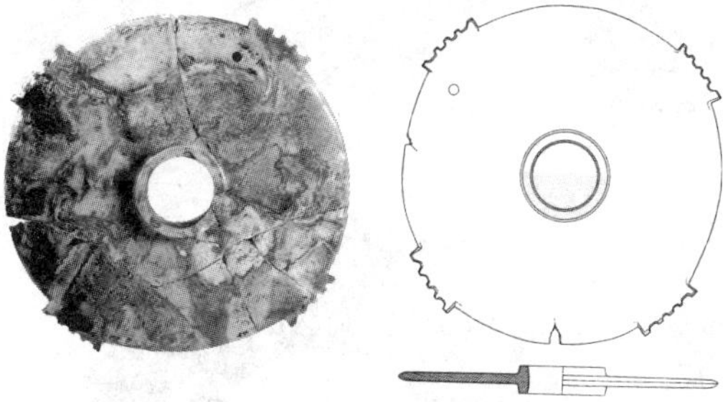

图101　玉璧及其线图

3. 玉戈

玉戈也分为中原式和蜀式两种。中原式为三角援直内戈，在近阑处刻画多重长方形和菱形纹。蜀式戈为波浪式戈援，这种戈与同类蜀式青铜戈相似，为蜀地所特有，戈援为波浪式、流线型，易于刺入，具有更强的杀伤力（图102）。

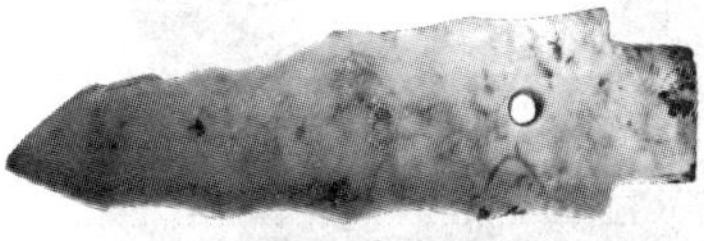

图102　玉戈

4. 玉锛与玉斧

单面开刃者叫做锛（图103），双面开刃者叫做斧（图104）。斧制作精细，上面刻有兽面纹，这种纹饰流行于中原地区。这类工具也是仪仗用具。

图103　玉锛

图104　玉斧及其拓片

5. 玉琮

金沙玉琮分为多节，每节以外面的四棱为中心，刻画有多组兽面纹（图

105、图 106)。金沙玉琮透露了很多我们以前不知道的信息。多节玉琮流行于长江下游地区的良渚文化，这说明远在距今四五千年前，长江上、下游地区就已经发生了文化交流。那时候还没产生文字，更不用说从文献上找到这些线索了。由此可见，考古学拓宽了我们对于古代世界的认识。

金沙遗址还出土了玉环、玉矛、玉钺、玉凿、玉璋等器物 (图 107~图 113)。

四、三星堆玉器的文化性质

❶

❷

❸

❹

❺

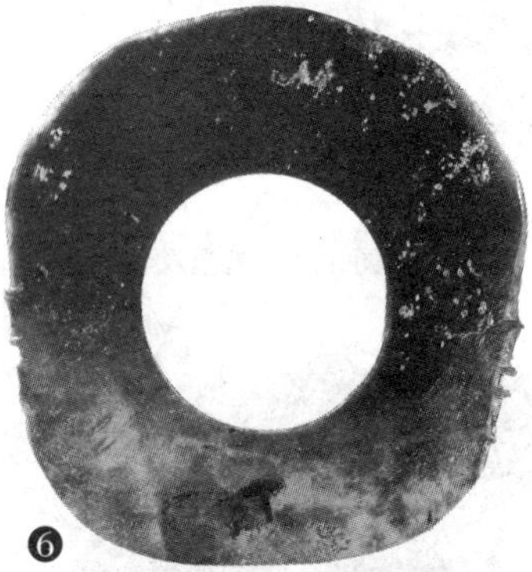
❻

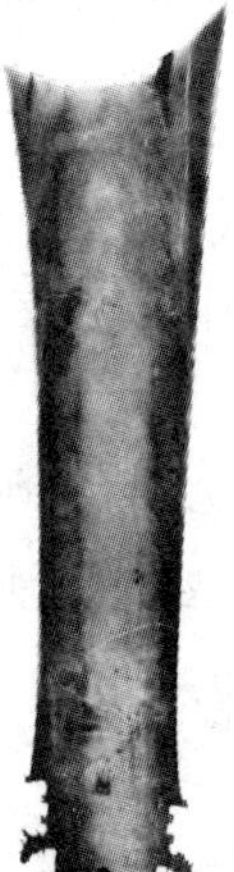
❾

❽

❶图 105　玉琮
❷图 106　玉琮
❸图 107　玉环
❹图 108　玉环
❺图 109　玉矛
❻图 110　玉钺
❼图 111　玉凿
❽图 112　玉璋
❾图 113　玉璋

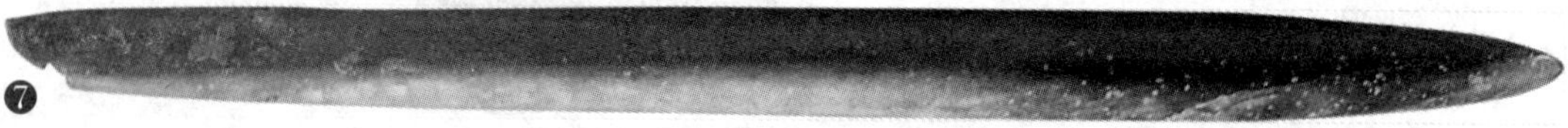
❼

(图 99~ 图 113　金沙遗址出土的玉器)

三星堆和金沙村的玉器出土数量之多，引起了学术界的广泛关注，许多学者撰文探讨其文化内涵，揭示其地方特色及其与中原文化的关系。李学勤先生认为广汉出土的有两类玉璋和二里头出土的相当近似。在广汉发现这样的玉器，应是古蜀国受中原礼制影响的证据。杨建芳对三星堆出土的玉器进行了分组，第一组为蜀人固有之器，第二组为混合型及仿中原玉器，第三组为中原式玉器，比较全面地概括出了三星堆玉器受中原文化影响的状况与地方特色。

三星堆和金沙村出土的玉器，其工艺是在周边地区的影响下产生的，同时又形成了自己的特色。如金沙出土的多节玉琮（2001CQJC：61、2001CQJC：1），从分节开槽的形制来看，可能是受了良渚文化的影响，同时，以四棱为中心构成多组兽面纹的做法，也应源自良渚文化，只是金沙多节玉琮的兽面纹已经简化了。这说明古蜀人把良渚文化的玉琮形制保留下来了，正如他们把中原三角援的戈一直保留到了战国时代。三峡考古也证明了这一点。三星堆文化因素在长江沿岸多有发现，如万州中坝子遗址、秭归朝天嘴遗址、宜昌路家河遗址、中堡岛遗址等，甚至在江陵荆南寺遗址也发现了数量相当多的三星堆文化因素，这说明古蜀国相当强大，其文化影响从成都平原辐射到了江汉平原中西部。

不分节不开槽的玉琮则与中原同时期的琮相似。玉璧、玉瑗、玉璋、三角援戈、戚、斧、锛均受中原文化的影响，属中原式玉器。而有些器物具地方特色，如戚形佩、柳叶形剑、柳叶形矛、凿以及金沙出土的玉梯形器、玉牌形饰、部分玉璧、璋、戈、锛等。

从玉器装饰风格来看，金沙玉斧（2001CQJC：7）所饰的兽面纹，与妇好墓玉斧（M5：920）上的兽面纹相比，更加复杂。金沙村的璋（2001CQJC：141）(原名玉双阑鸟锋戈形器）援两面各饰两只变形蝉纹，这种纹饰亦见于三星堆一号坑琥珀坠饰上（K1：9）。蝉纹出现于殷墟一期晚段，流行于殷墟二至四期，西周前期仍很流行。三星堆和金沙的蝉纹、金沙玉斧的兽面纹及变形夔纹显然是受了商文化的影响。有的玉器上饰云雷纹，也属中原风格。

三星堆和金沙玉器主要饰平行线纹、同心圆纹、多重长方形填菱形纹和三角纹，线条流畅，朴素大方，颇具地方特色，如K2③：201-4边璋上所刻的山、璋、象牙、船、跪坐人像、立人像等，均反映了具有蜀地特色的宗教活动内容，两组图案之间的云雷纹则属中原风格。K1：235-5玉戈上所刻玉璋图案及前锋刻立鸟的风格不见于中原地区，金沙村2001CQJC：141璋锋上也刻有立鸟，这说明三星堆与金沙之间有着密切的联系。据前文分析，金沙遗址兰苑一组及梅苑玉器等与三星堆遗址第三期是紧密衔接的，图上所刻的鸟可能是蜀人的图腾凫。

三星堆玉器和金沙玉器体形均大，这也是一个地方特色，如K1：81、97玉璋残长就有162厘米，K1：94玉璋长57厘米，K1：108玉戈长49.5厘米，K2③：157玉戈长60.1厘米，K2③：332-8玉戈长55.4厘米。金沙村玉璋也有达100厘米以上者，玉琮（2001CQJC：61）分10节，高达22.26厘米，另一玉琮（2001CQJC：1）通高16.57厘米，重达3918克，造型凝重，气势非凡，撼人心魄。

三星堆玉石器材料来源于距成都约50千米的龙门山脉南段，即茂县、汶川、灌县一带。龙门山脉至今仍是我国强烈活动的地震带之一，曾经过多次岩浆活动，从而形成了分布广泛的花岗岩、流纹岩、大理岩、蛇纹石、白云石等多种岩浆岩和变质岩。金沙村玉石器材料来源与三星堆玉器一致。

从三星堆、金沙玉器的材料、岩性及产地来看，玉器基本为本地制造。有些玉器的器形、纹饰与良渚文化、中原文化玉器相同或相似，反映了三星堆、金沙与这些地区存在着密切的文化交流关系，吸收了良渚文化和中原文化的因素，但真正直接输入的产品可能很少。

第四节　黄陂盘龙城玉器

一、盘龙城商代城址

黄陂盘龙城位于武汉市黄陂区滠口镇叶店村境内，这是一座商代早期城市，古城平面近方形，南北约290米，东西约260米，面积约75400平方米。在城内东北角发现三座大型建筑基址，现已发掘其中两座，F1东西长39.8米，宽12.3米，分为四室，四周有回廊。经古建筑专家复原，它是一座木骨泥墙、墙外设廊的“四阿重屋”式的建筑，很可能是当时的寝殿。城址始建于盘龙城第四期，盘龙城第五、六期为使用期，盘龙城第七期为城墙址废弃后的文化遗存。盘龙城属于二里冈上层时期的城市，它是商王朝在南方的一个战略据点，据此来控制江汉地区，同时确保在鄂东、赣北采炼的铜锭能源源不断地运到商朝都城。盘龙城是武汉市建城的开端。

二、盘龙城出土的玉器

黄陂盘龙城出土的玉器共100余件，由于沁蚀严重，玉器多呈青灰、黄白、赭黄和赭红色，其原来的颜色为白色、浅青色、浅绿色、暗绿色、天蓝色或蓝绿色。玉料有透闪石、蛇纹石、绿松石和砂金石四种，盘龙城内的透闪石有可能来自新疆，绿松石可确定来自湖北郧县、竹山，蛇纹石可能来自辽宁岫岩。

盘龙城出土的玉器以柄形器居多，其次是戈、笄、钗、璜、环、琮、璋、蛇形饰、隼形饰、串饰等（图114～图126）。

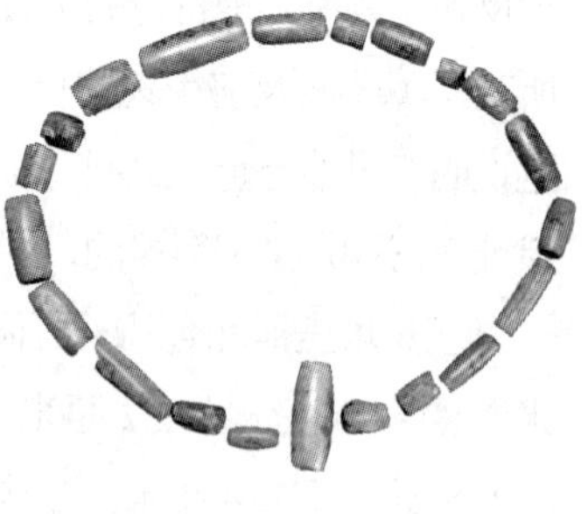

图114　绿松石串珠

图 115　玉柄形饰

图 116　玉柄形饰

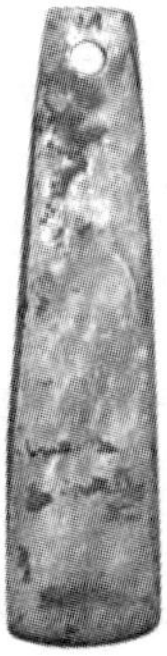

图 118　玉斧

图 117　玉笄

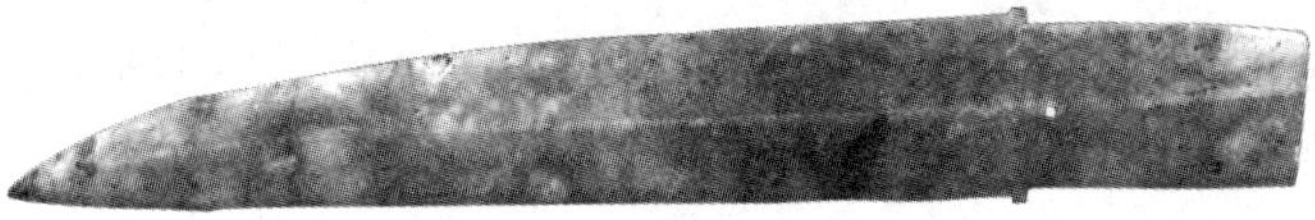

图 119　玉戈

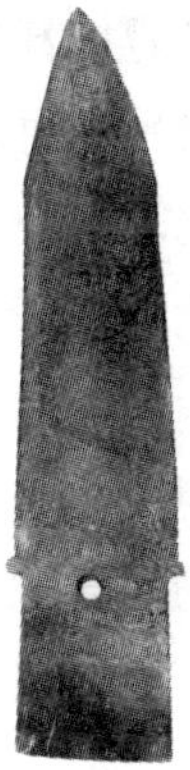

图 120　玉戈

图 123　玉蛇

图 124　隼形饰

图 121　玉璜

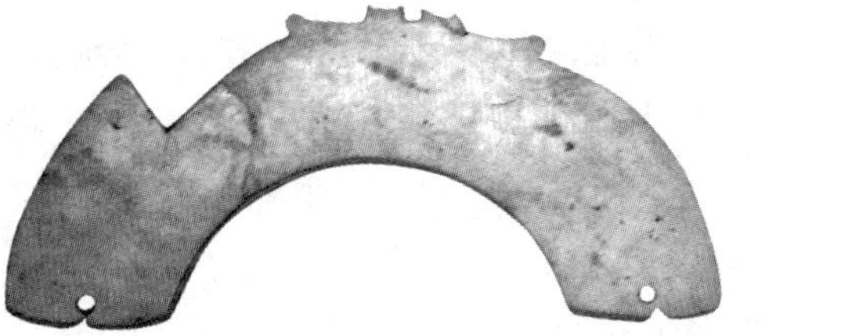

图 122　玉璜

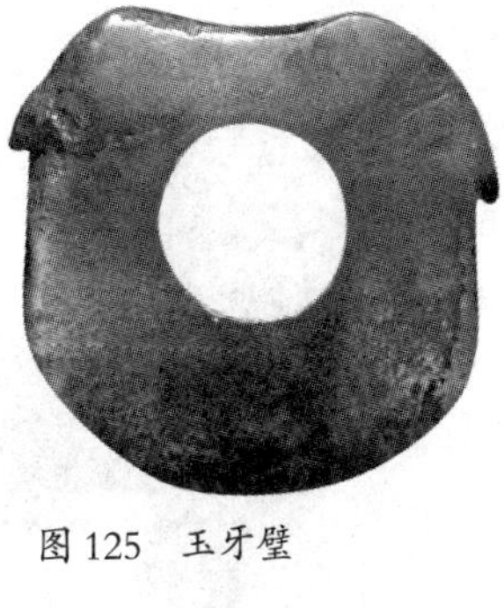

图 125　玉牙璧

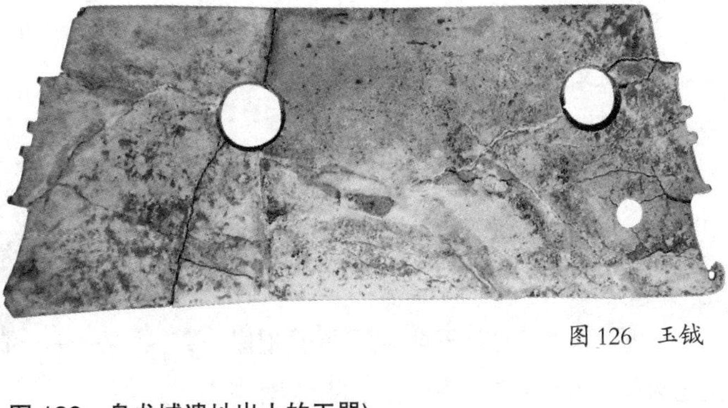

图 126　玉钺

(图 114~ 图 126　盘龙城遗址出土的玉器)

第五节　吴城文化玉器

一、吴城文化

吴城文化因江西省清江县（今樟树市）吴城村的吴城遗址而得名，分布于赣江流域。吴城遗址分为三期，一期年代与郑州二里冈上层接近，二期与殷墟早期相当，三期年代相当于殷墟晚期和西周早期。吴城文化与中原商文化有密切的联系，但又具有明显的地方特色，如广泛使用硬陶与原始瓷器，装饰上流行圈点纹，用石范铸造青铜器等。江西新干大洋洲大墓时代属商代晚期，距吴城遗址 20 余千米，墓中出土了大量的青铜器、玉器、原始瓷器、硬陶等器物，其中出土的玉器共 754 件，包括礼器琮、璧、环、瑗、玦、璜几大类，33 件，兵器 7 件，装饰品 714 件。玉器与殷墟、三星堆等地出土的器物有相似之处。如琮、有领璧、戈等，同时又极具地方特色。兵器较少，装饰品特别多，不见三星堆出土的玉璋。侧身羽人佩饰、神人兽面牌饰与殷墟同类器物相比，同中有异，模仿中有创造。吴城文化的族属是越人，越人崇虎。大洋洲大墓出土的许多青铜器口沿上均矗立着两只老虎，正与越人的信仰相合。吴城文化虽然与中原文化有千丝万缕的联系，但它是一支独立的文化，既不属于商文化，也不属于周文化。从大洋洲大墓来看，创造吴城文化的该支越人当时已经建立了独立的国家，墓中出土的大型青铜方鼎显示了墓主人非同一般的地位。大洋洲商代大墓的发掘，改变了我们对赣江流域文明水平的认识。

玉料经鉴定，透闪石质软玉占 67%，其他还有磷铝石、磷铝锂石、水晶石、绿松石、叶蜡石。透闪石质软玉可能来源于新疆和田或陕西蓝田，磷铝石、磷铝锂石、水晶石产于鄂赣交界的幕阜山区，如湖北的通城、江西的星子和修水等地。绿松石产于湖北的郧县、竹山或陕西的白河。叶蜡石可能来自浙江青田县，福建、浙江、广东、辽宁是我国叶蜡石的主要产地。江西东北部的上饶近年也出产叶蜡石，为叶蜡石的来源提供了又一线索。

图 127　绿松石蝉

二、吴城文化玉器举例

1. 绿松石蝉与蛙

蝉与蛙均用绿松石制成，造型生动逼真（图 127、图 128）在古人眼里，美石皆为玉。

2. 玉璧

玉璧（图 129）与安阳殷墟玉璧相似，穿孔处两侧凸起，叫做有领璧。内面上有同心圆

图 129　玉璧

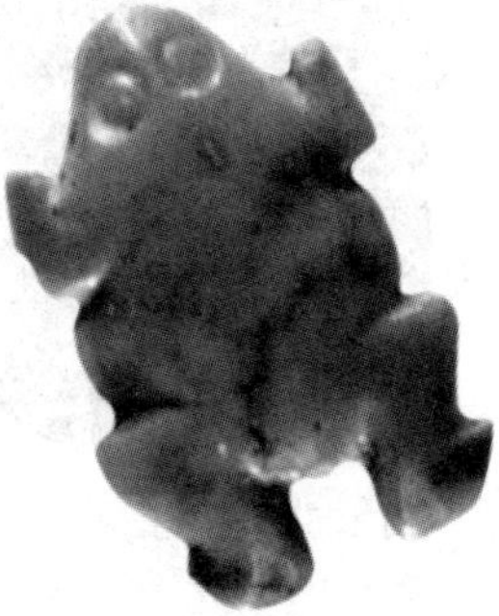

图 128　绿松石蛙

纹。三星堆玉璧也是这种形制，可见商文化的辐射力是很强大的。

3. 玉柄形饰

玉柄形饰（图130、图131）常见于二里头文化和安阳殷墟商文化，是中原地区夏商文化的典型玉器，黄陂盘龙城也有这种器形。该器物制作精细，从出土现象观察，有的放在人骨架腰部两侧，有的放在人骨架腹部，有的放在人骨架腹部右侧，因此，该器物可能是一种佩饰。玉柄形饰的出现反应了商文化对吴城文化的影响。

图130 玉柄形饰

图131 玉柄形饰

4. 玉琮

玉琮的形制为两节，浮雕着兽面纹（图132、图133），与殷墟妇好墓出土的玉琮形状有别。但仍然体现着内圆外方的观念，与良渚文化的宗教思想一脉相承。

图132 玉琮

图133 玉琮

5. 玉侧身羽人像

该玉人像用叶蜡石雕刻而成（图134），硬度不高，为摩氏硬度3度。玉人头后部的连环与器身为一块整石，一次刻成，说明古人的琢玉技术水平在不断提高。玉羽人为鸟首人身，戴着高冠，这与原始巫术有关。那时人们羡慕鸟能在天空飞翔，便把人与鸟合成为一种鸟首人身的动物，希望以此实现人类升天的愿望，进而达到与神沟通的目的。三星堆文化中也有一件人身鸟足的铜器，表达的思想与此相似，正与《山海经》所记载的复合动物相符合。这个玉羽人很可能是驩头。

图134 玉侧身羽人像

《海外南经》载："讙头国在其南，其为人人面有翼，鸟喙，方捕鱼。"郭璞注曰："讙兜，尧臣，有罪自投南海而死，帝怜之，使其子居南海而祠之，画亦似仙人也。"

《大荒南经》载："有人名曰张宏，在海上捕鱼，海中有张宏之国，食鱼，使四鸟。有人焉，鸟喙，有翼，方捕鱼于海。大荒之中，有人名曰驩头，鲧妻士敬，士敬子曰炎融，生驩头。驩头人面鸟喙，有翼，食海中鱼，杖翼而行。"

《大荒北经》载："西北海外，黑水之北，有人有翼，名曰苗民。颛顼生驩头，驩头生苗民，苗民釐姓，食肉。”驩头是苗民的祖先神。

6. 玉戈

三角援玉戈（图 135、图 136）为典型的商式戈，带有商文化的元素。

7. 玉神人面牌

牌饰近梯形，雕刻人面（图 137）。类似的牌饰在殷墟发现 1 件，不过雕刻的是兽面纹，应属佩玉。

图 135　玉戈

图 136　玉戈

图 137　玉神人面牌

（图 127~ 图 137　江西新干大洋洲大墓出土的玉器）

第六节　西周玉器

一、西周早期玉器

1. 西周建立的历史线索

周人的祖先后稷与夏禹同时，周人与夏人、商人同样古老。夏人兴起于豫西晋南，商人兴起于豫北冀南，周人同时兴起于今陕西地区。周人原来建都于豳（今陕西旬邑）。古公亶父时，从豳迁到岐山之下的周原。周原土地肥沃，适于农耕，又加上周人与姜炎部落结为婚姻联盟，力量壮大起来，因此揭开了消灭商朝的序幕。文王都丰，武王都镐，都城不断东移，就是为了消灭商朝的势力。公元前 1046 年，武王灭商，建立西周。灭商以后，为了控制殷遗民，周成王又在今洛阳营建东都洛邑，因此洛邑与镐成为并列的东、西二京。周原作为周人的发祥地，在周人的政治生活中仍然占有重要地位。公元前 771 年，犬戎内迁，把周人赶出了关中。次年，周平王迁都洛邑，史称东周。

西周实行分封制，对土著民族进行殖民统治，在当时族群众多的情况下，分封制达到了扩大统治范围，进行有效统治的目的。西周疆域辽阔，东到山东（那里有鲁、齐），北达辽宁（这一带有燕国，燕国都蓟，就在今天北京南郊的琉璃河一带），西边到陕甘交界（这是周人的畿内之地），南到汉水东岸至大别山之间的弧形地带。中原地区有晋、郑、宋、卫等国，这些国家主要是姬姓，其次是姜姓。周天子姓姬，周天子与姜姓通婚，则姜姓为周天子的国舅。《左传》僖公二十四年载：“昔周公吊二叔之不咸，故封建亲戚以蕃屏周。管、蔡、郕、霍、鲁、卫、毛、聃、郜、雍、曹、滕、毕、原、酆、郇，文之昭也；邘、晋、应、韩，武之穆也；凡、蒋、邢、茅、胙、祭，周公之胤也。”《左传》昭公二十八年载：“昔武王克商，光有天下，其兄弟之国者十有五人，姬姓之国者四十人，皆举亲也。”“周虽旧邦，其命维新。”血缘纽带这条长长的尾巴一直拖到文明时代，对中国历史的发展产生了重大影响。西周玉器的分布与封建诸侯格局密不可分，在各诸侯国均发现了许多精美的玉器。

2. 西周早期玉器

西周早期玉器以陕西宝鸡弜伯墓地、山西曲沃天马—曲村晋侯墓地等出土的玉器为代表。1985 年在陕西沣西第 17 号墓出土的玉人头像（图 138），很可能是墓主人的雕像，时代属于西周早期。宝鸡茹家庄 1 号墓出土的玉鹿（图 139）昂首驻足，呈惊愕状，生动传神，是西周早期的一件成功的艺术佳作。

二、西周中期玉器

西周中期玉器以陕西长安张家坡墓地出土的玉器为代表。

1. 玉琮：高 5.5 厘米，每一侧面装饰一只凤鸟纹（图 140）。凤鸟纹是西周中期青铜器上流行的纹饰，这种纹饰具有鲜明的时代特征。

2. 玉龙：卷曲姿势接近安阳殷墟的玉龙形态（图 141）。

3. 玉龙凤人（图 142）：出自张家坡第 157 号墓葬。张长寿曾撰文专门研究这件作品，M157 时代为西周中期，墓主人很可能是曶鼎中提到的井叔，曶鼎属周懿王元年铜器。该墓葬规格高，墓主人应属于侯伯，因此可推测该玉雕是周懿王时期井叔所拥有的器物，弥足珍贵。该器物为人与动物组合的作品，与人的灵魂升天有关，龙、凤为人升天的助手。

甲骨文中记载凤是上帝的使者。如郭沫若《卜辞通纂》398 片：“于帝史凤，二犬。”郭沫若注释说：“卜辞以凤为风。《说文》：凤，神鸟也。……此言‘于帝史凤’者，盖视凤为天帝之

❶ 图 138　玉人头像（高 5.2 厘米）
❷ 图 139　玉鹿（茹家庄 1 号墓出土）
❸ 图 140　玉琮
❹ 图 141　玉龙
❺ 图 142　玉龙凤人

（图 138~ 图 139　西周早期玉器）
（图 140~ 图 142　西周中期玉器）

使，而祀之以二犬。《荀子·解惑篇》引《诗》曰：'有凤有凰，乐帝之心。'盖言凤凰在帝之左右。"

《山海经》中有"操鸟"、"使鸟"的记载。《大荒东经》："有招摇山，融水出焉。有国曰玄股，黍食，使四鸟。有困民国，勾姓而食。有人曰王亥，两手操鸟，方食其头。"《大荒北经》："有毛民之国，依姓，食黍，使四鸟。""操鸟"、"使鸟"就是利用鸟为升天的助手。《山海经》中关于人鸟复合动物的记载很多，如人面鸟身、人面鸟喙、人手鸟身、人舌鸟身、人身鸟首、人身鸟足等，说明古人对鸟非常崇拜，希望人类能够借鸟之力升天，与神沟通。

《山海经》中也有许多"乘龙"、"操蛇"、"践蛇"、"珥蛇"的记载。《海外南经》："南方祝融，兽身人面，乘两龙。"《海外西经》："大乐之野，夏后启于此儛九代，乘两龙。"《海外西经》："西方蓐收，左耳有蛇，乘两龙。"《海外东经》："东方句芒，鸟身人面，乘两龙。"《海内北经》："冰夷人面，乘两龙。"《大荒西经》："西南海之外，赤水之南，流沙之西，有人珥两青蛇，乘两龙，名曰夏后开。"《海外北经》："博父国在聂耳东，其为人大，右手操青蛇，左手操黄蛇。"《大荒东经》："东海之渚中，有神，人面鸟身，珥两黄蛇，践两黄蛇，名曰禺虢。"《大荒北经》："北海之渚中，有神，人面鸟身，珥两青蛇，践两赤蛇，名曰禺强。"《海外西经》："巫咸国在女丑北，右手操青蛇，左手操赤蛇，在登葆山，群巫所从上下也。"

在古人心中，龙和蛇是神圣的动物，也是巫师升天的得力助手。甲骨文和《山海经》的有关记载均说明龙凤人物玉雕作品中龙凤均是人升天的助手。龙凤人物玉雕作品同战国楚墓中出土的帛画主题相同，都是以灵魂升天为主题的作品。后来道家追求羽化而登仙，其早期源头就与古代巫术有关。同类作品还见于河南三门峡市上村岭虢国墓地和山西曲沃天马—曲村晋侯墓地等地。

三、西周晚期玉器

上村岭虢国墓地位于河南省三门峡市上村岭，是西周晚期至春秋早期的虢国墓地。公元前655年，晋国假道灭虢，是该墓地的下限。虢国为文王母弟的封国，原来封地在宝鸡，周平王东迁，随之迁到三门峡一带。"唇亡齿寒"一语即来源于此。《左传》僖公五年记载，晋国向虞国借道灭虢，宫之奇反对借道，于是向虞国国君进谏说："谚所谓'辅车相依、唇亡齿寒'者，其虞、虢之谓也。"

1956—1959年，为配合三门峡水库的建设，黄河水库考古工作队在虢国墓地发掘234座墓葬、3座车马坑和1座马坑。1990—1999年，河南省文物考古研究所等又在该墓地发掘18座墓葬、4座车马坑和2座马坑。

西周晚期玉器出现了一些新的变化：一是由多种玉器组合而成的组佩开始流行（图143、图144）；二是玉器受青铜器纹饰的影响，出现卷云纹等纹

图143　七玉璜、玛瑙珠组佩

❶

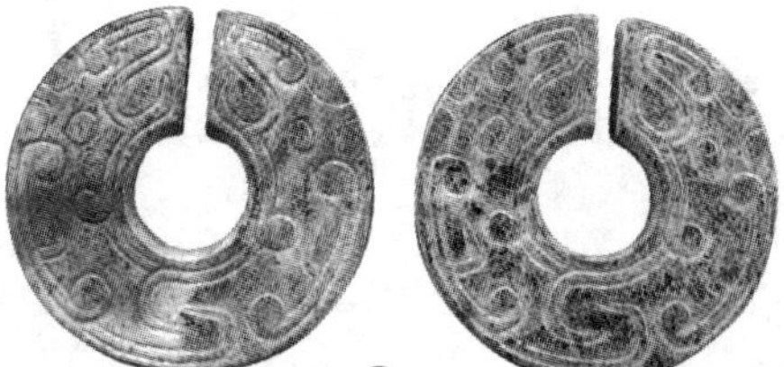
❷

❹

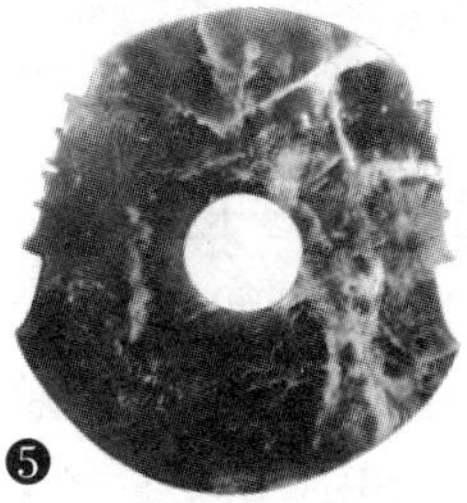
❺

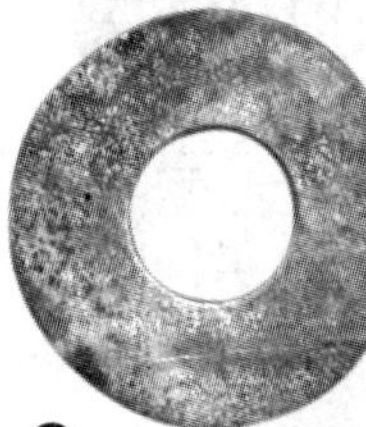
❻

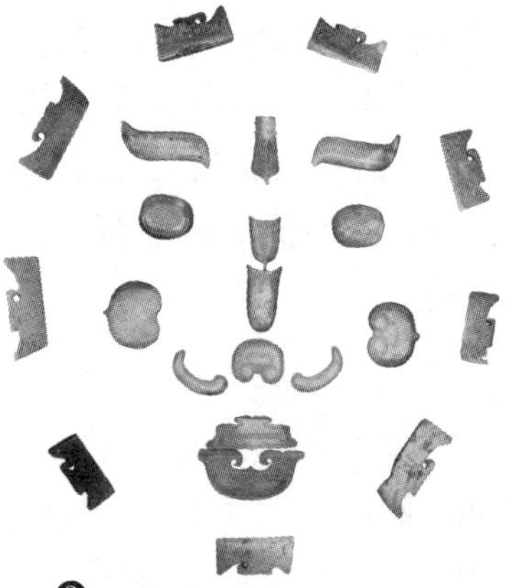
❸

❼

❽

饰（图 145）；三是玉覆面即“瞑目”开始出现，如 1994 年山西省曲沃县天马—曲村晋侯墓地 92 号墓葬出土的玉覆面，由 23 块不同的玉片缀在布帛类织物上组成，织物已朽，仅存玉片。用 14 块象征眉、眼、鼻、嘴、髭的玉片组成人面，周围绕以 9 块带扉牙的玉片，紧贴在墓主人脸部（图 146），这是汉代玉衣的滥觞。

三门峡虢国墓地中出土了兵器玉戈、玉戚（图 147、图 148），宗教祭祀用品玉璧、玉琮（图 149、图 150）。玉人呈蹲踞状，头部盘有一龙，龙尾屈于人头之上，颈下雕有一龙，臀部饰一龙首（图 151）。这件作品与张家坡井叔墓地出土的龙凤人物玉雕作品相似，也是一件关于灵魂升天的作品。

❶图 144　玉管、玛瑙珠串饰
❷图 145　玉玦
❸图 146　玉覆面
❹图 147　玉戈
❺图 148　玉戚
❻图 149　玉璧
❼图 150　玉琮
❽图 151　玉人

(图 143~ 图 151　西周晚期玉器)

第四章　春秋战国时期玉器

第一节　春秋时期玉器

春秋战国时期的玉器无论在器形、装饰还是琢玉技术等方面，均有了长足的进步。各国在玉器制造业领域相互交流，共同发展。玉器的总体特征是薄片玉器多，立体的玉雕很少。器形有璧、环、琮、璋、圭、觿、璜、龙形佩、虎形佩、牌饰等。组佩的主要组件为玉璜，其他组件有玉质、玛瑙、水晶、玻璃的珠和管等。春秋晚期新出现了剑首、剑格、剑（璏）、剑珌等玉剑饰。玉器纹饰受同期青铜器纹饰的影响，流行蟠虺纹、云纹、谷纹、“S”形纹等。纹饰或为阴线，或为隐起，或阴线与隐起相结合，手法多样，碾琢精致。

一、春秋早期玉器

春秋早期玉器以河南光山宝相寺黄君孟夫妇墓出土的玉器为代表。黄君孟夫妇墓共出土玉器185件，有璧、环、璜、玦、虎、人头像等。玉器多为薄片状，花纹以双钩阴线为主，保留了西周玉器流行的云纹、涡纹、卷曲纹、蝉纹、虎纹、鸟纹等，出现了春秋至战国流行的蟠虺纹。该墓出土的玉蟠虺纹璧（图152），一面光素，一面双钩蟠虺纹，是一件难得的佳作，被评为国家一级文物。还有两件玉人首蛇身饰（图153），体扁平，呈侧面团身人首蛇身形象，用阴线和隐起阳纹手法，琢出五官、头发和耳饰，也是国家一级文物。

图152　玉蟠虺纹璧

图153　玉人首蛇身饰

（图152~图153　黄君孟墓出土的玉器）

二、春秋中晚期玉器

春秋中晚期的玉器以楚国的玉器为代表。

楚国本地有玉矿，宫廷有专门的琢玉专家“玉人”。家喻户晓的“和氏璧”便是楚玉。这个故事最早见于《韩非子·和氏》：“楚人和氏得玉璞楚山中，奉而献之厉王，厉王使玉人相之。玉人曰：‘石也。’王以和为诳，而刖其左足。及厉王薨，武王即位，和又奉其璞而献之武王。武王使玉人相之。又曰：‘石也。’王又以和为诳，而刖其右足。武王薨，文王即位。和乃抱其璞而哭于楚山之下，三日三夜，泣尽而继之以血。王闻之，使人问其故。曰：‘天下之刖者多矣，子奚哭之悲也？’和曰：‘吾非悲刖也，悲夫宝玉而题之以石，贞士而名之以诳，此吾所以悲也。’王乃使玉人理其璞而得宝焉，遂命曰‘和氏之璧’。”史书上不见楚厉王，楚武王、文王是春秋早期的楚国国君，则和氏为春秋早期人。和氏璧不是玉璧，而是一块玉料。完璧归赵之璧就是和氏璧。《太平御览》卷六百八十三引崔浩《汉纪音义》曰：“（秦始皇）传国玺是和氏璧作之。”据史载，在五代时，后唐最后一个皇帝李从珂抱着和氏璧自焚，和氏璧才失传。

春秋中晚期楚墓以淅川下寺、和尚岭墓群为代表，出土了一批精美玉器。玉兽面纹牌（图154）为春秋晚期的玉器精品，通体呈扁平梯形，下部雕琢隐起的兽面纹，上部和左右布满蟠虺纹以及鳞纹、绹索纹、钩云纹。玉虎（图155、图156、图157）则造型优美，神态生动。其他还有玉璜、玉牌、玉璧、玉笄、玉玦、玉觿等（图158～图165）。

❶

❷

❸

❹

❺

❻

❼

❶图154　玉兽面纹牌（淅川下寺出土）长7.1厘米、宽7.5厘米、厚0.2厘米

❷图155　玉虎（淅川下寺出土）通长14.6厘米、厚0.4厘米

❸图156　玉虎（淅川下寺出土）长8厘米、宽2厘米

❹图157　玉虎（淅川下寺出土）长6.4厘米、宽1.7厘米

❺图158　玉璜（淅川和尚岭出土）长11.8厘米、高6.8厘米、厚0.1厘米

❻图159　玉牌（淅川和尚岭出土）长4厘米、宽3厘米

❼图160　玉牌（淅川和尚岭出土）长3.8厘米、宽2.6厘米

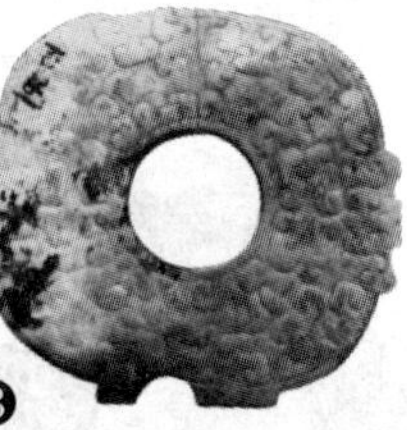
❽
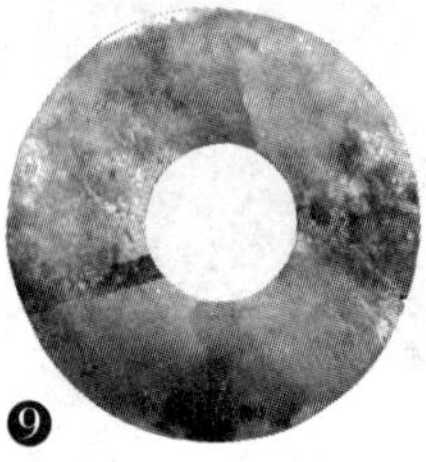
❾

❿
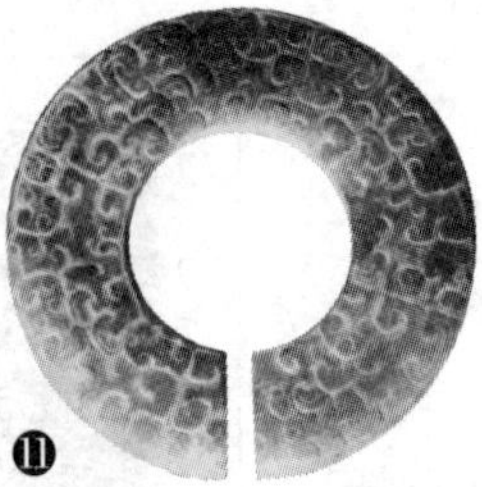
⓫

⓬

⓭

❽图 161　玉璧(淅川下寺出土)长 6.3~6.8 厘米、孔径 2 厘米、厚 0.27 厘米
❾图 162　玉璧(淅川下寺出土)直径 18.8 厘米、孔径 6.6 厘米、厚 0.18~0.3 厘米
❿图 163　玉笄(淅川下寺出土)长 16 厘米、笄帽径 1.9 厘米
⓫图 164　玉玦(淅川下寺出土)直径 5.9 厘米、孔径 2.8 厘米
⓬图 165　玉觽(淅川下寺出土)长 5.2 厘米、宽 1.1 厘米、厚 0.35 厘米
⓭图 166　玉蟠虺纹剑首、剑格(江苏六合程桥出土)

（图 154~ 图 166　春秋中晚期的玉器）

这一时期吴国、晋国的玉器也很有名。江苏六合程桥 2 号墓出土了玉蟠虺纹剑首、剑格(图 166)。山西太原晋国赵卿墓出土了剑首、剑璏、剑珌等，这些器物放置在墓主人的身边和腰侧。以上两墓的时代均为春秋晚期，开启了战国、西汉玉具剑的先河。

第二节　战国时期玉器

战国的玉器碾琢工艺精湛，达到了中国玉器史上的一个高峰。玉材主要来自和田，质地温润莹泽。器物多薄片玉器，立雕玉器仍然很少。器类有璧、环、璜、剑、龙形玉佩、虎形玉佩、带钩、玉剑饰等。纹饰多谷纹、龙纹、卧蚕纹、蒲纹、云纹、网纹等。纹饰多用阴线与隐起手法相结合。战国玉器造型生动，纹饰流畅，体现了战国特有的时代风貌。

一、战国早期玉器

1. 曾侯乙墓的玉器

曾侯乙墓位于随州市擂鼓墩。墓葬下葬时间约为公元前 433 年，为战国早期。曾侯乙墓出土的

图 167　虎形玉佩　长 9.6 厘米、宽 2.7 厘米、厚 0.1 厘米

图 168　龙形玉佩　长 11.1~11.5 厘米、宽 7.7~8 厘米

玉器经鉴定，属新疆和田玉。

虎形玉佩：器扁平，雕成伏虎形。虎的一面阴刻出虎的细部，另一面则阴刻一只鸟首（图 167）。

龙形玉佩：青黄色，龙作回首张口，曲身卷尾，两面饰谷纹（图 168）。

圆雕玉龙佩：龙卷曲作 C 字形，首尾相对，龙尾分叉（图 169）。

鸟首形玉佩：一端为鸟首形，另一端平齐，两面刻云纹及斜线纹（图 170）。

十六节龙凤玉佩：用 5 块玉料分琢成 16 节，用 3 个活环和 1 根玉销钉连成 1 串，可自由卷折。通体包括 37 条小龙、7 只凤、10 条蛇，千姿百态，栩栩如生（图 171）。此玉佩集分雕连接、透雕、平雕、阴刻多种技艺于一体，是战国时期的玉雕杰作。

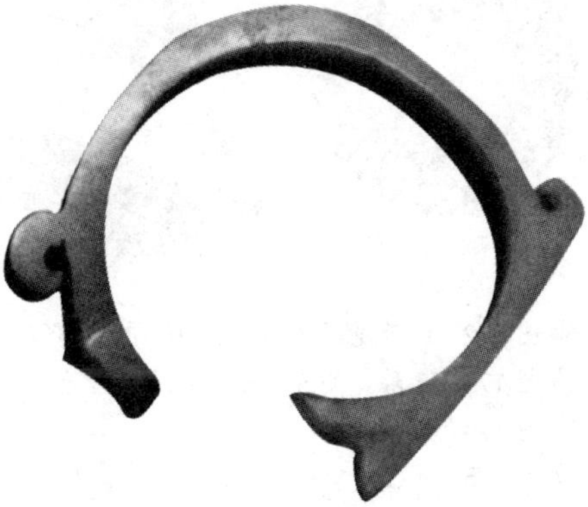

图 169　圆雕玉龙佩　直径 7.6 厘米

图 170　鸟首形玉佩　长 9.3 厘米

图 171　十六节龙凤玉佩　长 48 厘米、宽 8.3 厘米

❶

❷
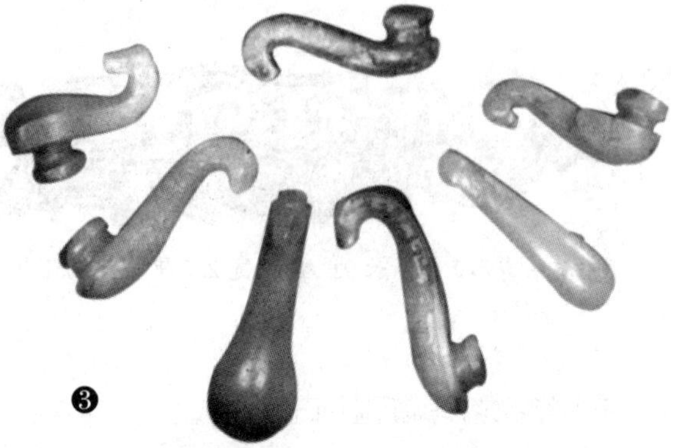
❸
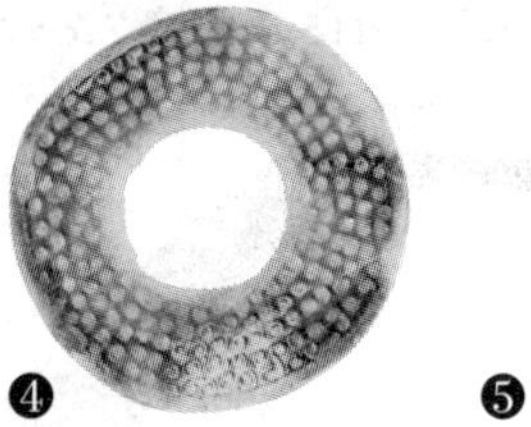
❹
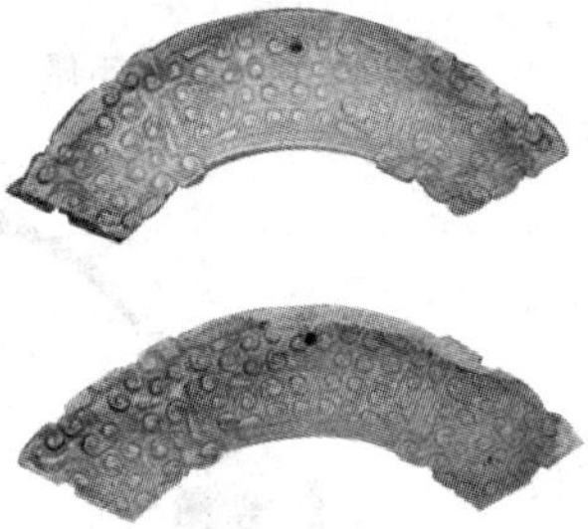
❺

❻
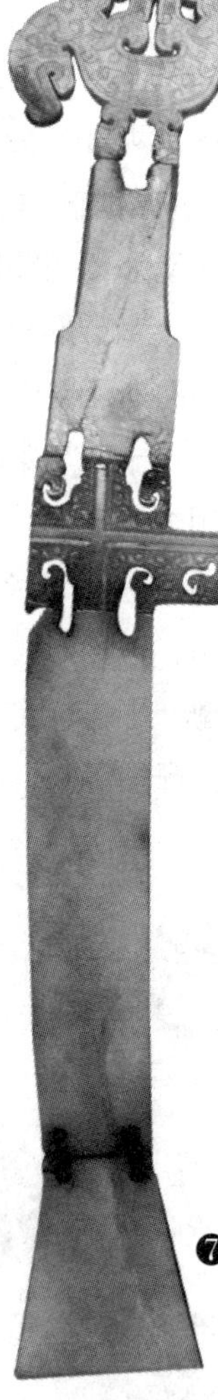
❼

❶图 172　四节龙凤玉佩　长 9.5 厘米、宽 7.2 厘米
❷图 173　玉琮　高 5.4 厘米、径 6.6 厘米
❸图 174　玉带钩
❹图 175　玉璧
❺图 176　玉璜
❻图 177　透雕玉璜
❼图 178　玉剑　长 33.6 厘米

(图 167~ 图 178　随州曾侯乙墓出土的玉器)

四节龙凤玉佩：由一块白玉透雕成 4 节，可以活动卷折。共琢出 7 条龙、4 条蛇和 4 只凤（图 172），造型生动，技艺精湛，是战国时期玉器的又一件代表作。

玉琮：青白色，半透明。器表四面阴刻兽面纹，其间装饰有羽纹、卷云纹和网格纹（图 173）。云纹流畅活泼，体现了战国的时代特色。由此也可说明纹饰的风格是一个特定时代在艺术上留下的烙印。

玉带钩：用于束带的配件，与带扣配套使用。《国语·齐语》桓公曰：“夫管夷吾射寡人中钩，是以滨于死。”曾侯乙墓出土 7 件，均为鹅首形（图 174）。曾侯乙墓还出土有金带钩。使用玉带钩、金带钩，说明墓主人的身份很高。

玉璧：装饰谷纹。谷纹璧流行于战国秦汉时期（图 175）。

玉璜：属于一对，青白色。两面雕刻谷纹（图 176）。

透雕玉璜：属于一对，青黄色。透雕龙纹（图 177）。

玉剑：出自墓主腰间，是一把带鞘的剑。有剑首、剑茎、剑格、剑璏、剑珌等。剑首透雕成双龙形（图 178）。

2. 战国早期楚国玉器

战国早期楚国玉器以河南淅川徐家岭墓地出土的玉器为代表。徐家岭墓地位于淅川仓房乡沿江村，丹江口水库蓄水前丹江西岸的丘陵上，时代从春秋晚期延续至战国中期。现共发掘11座墓葬，其中M1、M2、M5、M10、M11属战国早期。

谷纹璧：两面均饰谷纹（图179）。

卷云纹璧：两面均饰卷云纹和网纹（图180）。

卷云纹环：饰卷云纹和网纹（图181）。

玉璜：两面均饰卷云纹和网纹（图182）。

玉璜：两面均饰谷纹（图183）。

玉人：淡黄色玉，平顶，狭长脸，两臂交于腹部，席地而坐（图184）。

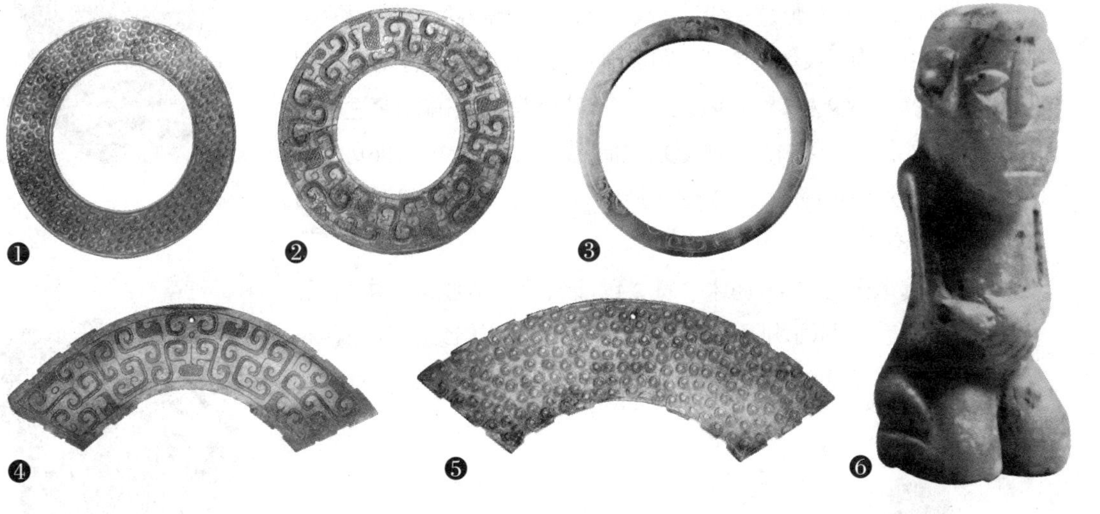

❶图179　徐家岭(M10:156)　谷纹璧　直径14.1厘米、孔径8.5厘米、厚0.75厘米
❷图180　徐家岭(M10:32)　卷云纹璧　直径9.3厘米、孔径4.7厘米、厚0.5厘米
❸图181　徐家岭(M1:16)　卷云纹环　直径9.9厘米、孔径8厘米、厚0.7厘米
❹图182　徐家岭(M10:94—1)　玉璜　长15.7厘米、宽3.4厘米、厚0.3厘米
❺图183　徐家岭(M10:96—2)　玉璜　长16.2厘米、宽4厘米、厚0.55～0.7厘米
❻图184　徐家岭(M2:13)　玉人　高2.15厘米

（图179~图184　战国早期楚国玉器）

3. 战国早期越国玉器

鸿山越国贵族墓地位于江苏省无锡市锡山区鸿山镇的东北约1000米处。2003年—2004年，南京博物院考古研究所在此发掘了7座战国早期的越国贵族墓葬，共出土玉器48件。其中，邱承墩大墓规模最大，封土长78.6米、宽50.8米、高5.4米，墓坑呈中字形，分为墓道、墓室、后室三部分，残长56.7米，方向110° ，其中墓道长21.2米、宽3.65米，墓室长23.6米、宽6.3米，后室长11.9米、宽3.2米，出土玉器38件。鸿山玉器代表了越国治玉工艺的最高水平，越国玉器既受中原文化、楚文化的影响，又表现出越国的地方特色，如蛇凤纹带钩、三角形神兽管、凤形玉佩、双龙管形佩、龙凤璜、双龙首璜均是富有地方特色的玉器。邱承墩大墓出土的玉器举例如下：

龙纹覆面：长7.9厘米、宽5.8厘米、厚0.2~0.4厘米。青白玉，椭圆形，正面以十字条带分为四部分，各部分内有一条浅浮雕龙纹，条带与周边饰阴刻云纹、斜线纹和方格纹（图185）。

图185 龙纹覆面

蛇凤纹带钩：长5.8厘米、宽3.7厘米、厚1.2厘米。青白玉，钩为蛇首状，阴刻鳞形纹、细斜线纹，间以浅浮雕谷纹、斜方格纹。带钩身的中部为一绞丝纹圆环，圆环中心为一椭圆形浅浮雕，上阴刻斜方格纹；外缘为透雕四凤，四蛇身与凤相连，蛇首均穿过中心的圆环。凤身、蛇身皆阴刻羽状纹、细斜线纹、鳞纹（图186）。

玉璧：外径6.5厘米、内径2.8厘米。白玉，两面饰浅浮雕的蟠螭纹（图187）。

双龙管形佩：长4.6厘米、宽2.4厘米、厚0.6厘米。青白玉，中部为方形管，两面均阴刻双钩云纹，间以细方格纹。两侧各有一透雕的龙，龙回首张口，龙身阴刻绞丝纹，间以细密的鳞纹（图188）。

图186 蛇凤纹带钩

图187 玉璧

图188 双龙管形佩

图 189　龙形佩

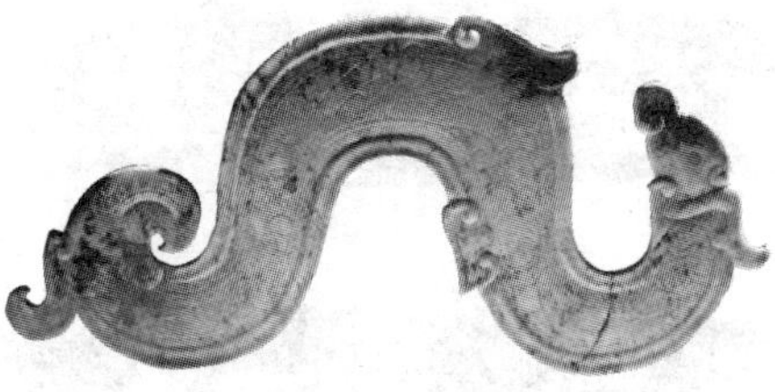

图 190　龙凤璜

图 191　双龙首璜

图 192　凤形佩

（图 185~ 图 192　江苏无锡鸿山越墓出土的玉器）

龙形佩：长 12.6 厘米、宽 4.8 厘米、厚 0.4 厘米。青白玉，龙回首卷尾，身体蜷曲，龙身阴刻云纹，边缘阴刻绞丝纹，头、角、爪、尾部均阴刻细平行线纹（图 189）。

龙凤璜：长 9.6 厘米、宽 4.4 厘米、厚 0.3 厘米。青白玉，龙凤合体，一端为龙首，有角；一端为凤首，有冠。璜上阴刻极浅极细的鳞形纹、弧线纹、卷云纹，间有小方格纹（图 190）。

双龙首璜：长 7.5 厘米、宽 1.9 厘米、厚 0.4 厘米。青白玉，两端作龙首形，身饰减地谷纹（图 191）。

凤形佩：长 3.8 厘米、宽 3.4 厘米、厚 0.4 厘米。白玉，凤作振翅欲飞状。两面纹饰相同，颈及身体阴刻羽纹，翅膀阴刻云纹和斜线纹，腿和尾阴刻斜线纹（图 192）。

二、战国中期玉器

战国中期玉器以湖北江陵望山楚墓等出土的玉器为代表。望山 1、2、3、4 号墓的时代属战国中期。

玉璜：出自望山 2 号墓。此墓共出土了 12 件玉璜，形制、纹饰基本相同，大小有别，两面饰阴刻卷云纹（图 193）。

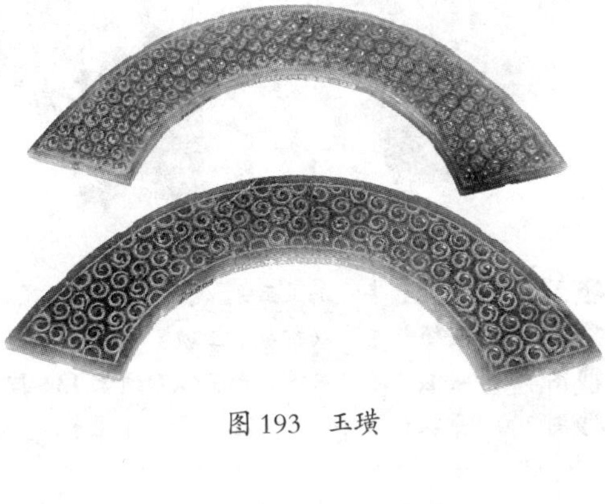

图 193　玉璜

图 194　龙形玉佩

图 195　龙形玉佩和谷纹璧

龙形玉佩：出自望山 2 号墓。龙身狭长，回首卷尾，饰涡纹和平行曲线纹（图 194）。

龙形玉佩和谷纹璧：出自望山二号墓。四件玉器下自同一块玉料。龙身较短，回首卷尾，饰涡纹和平行曲线纹，玉璧两面饰谷纹（图 195）。

龙形玉佩：出自望山 3 号墓。龙身呈 S 形，两面阴刻谷纹、卷云纹（图 196）。

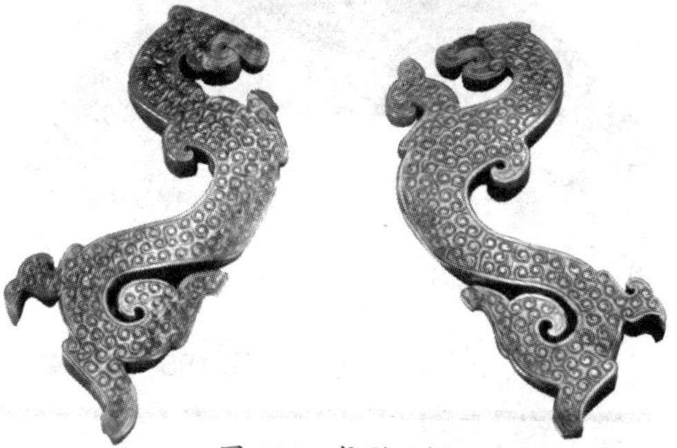

图 196　龙形玉佩

（图 193~ 图 196　湖北江陵望山楚墓出土的玉器）

三、战国晚期玉器

战国晚期玉器以河南淮阳平粮台 M16、安徽寿县楚王墓、安徽长丰战国晚期楚墓出土的玉器为代表。

❶

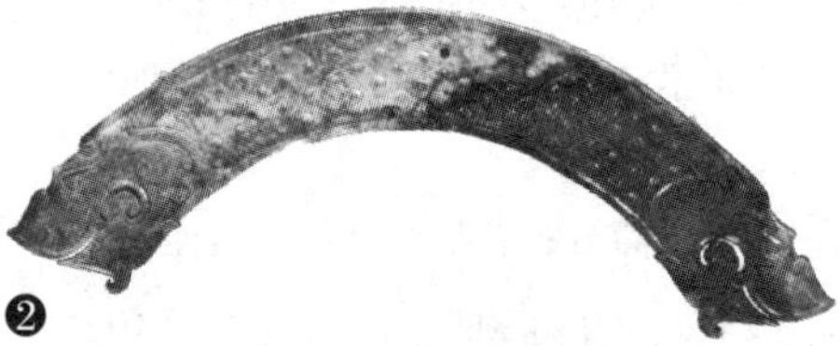

❷

❸

❹

❶ 图 197　安徽长丰　龙凤玉佩　长 21.8 厘米、宽 11.2 厘米
❷ 图 198　安徽长丰　双首龙形玉璜　长 11.1 厘米、宽 2.3 厘米
❸ 图 199　安徽长丰　双首龙形玉佩　通长 13.6 厘米、宽 3.7 厘米
❹ 图 200　平粮台 M16　璧形佩　长 3.4 厘米、宽 3.2 厘米、厚 0.4 厘米

❺

❻

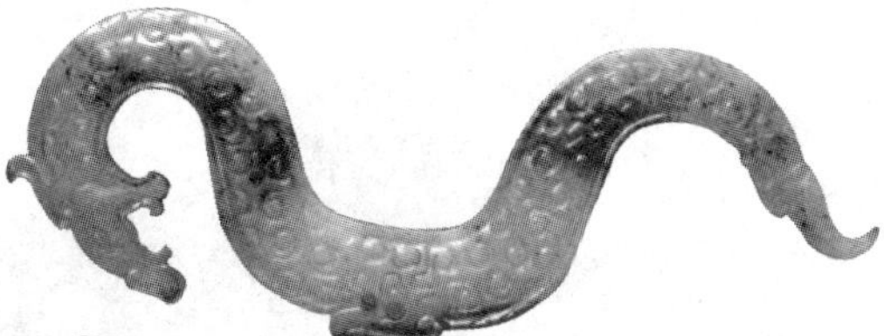

❼

❽

❾

❿

⓫

⓬

⓭

❺ 图 201　平粮台 M 16　凤首龙形佩　长 6.7 厘米、宽 3. 4 厘米、厚 0.5 厘米

❻ 图 202　平粮台 M 16　金钮玉环　直径 2.7~3.5 厘米、孔径 1.2~2.1 厘米、厚 0.4 厘米

❼ 图 203　平粮台 M 16　龙凤佩　长 11.7 厘米、厚 0.4 厘米

❽ 图 204　平粮台 M 16　龙首璜　残长 9 厘米、宽 4 厘米、厚 0.4 厘米

❾ 图 205　平粮台 M 16　龙形佩　长 11. 7 厘米、宽 3 厘米、厚 0.5 厘米

❿ 图 206　平粮台 M 16　龙形佩　长 22.7 厘米、宽 6.2 厘米

⓫ 图 207　平粮台 M 16　龙形佩　长 11. 4 厘米、宽 5.8 厘米、厚 0 .4 厘米

⓬ 图 208　平粮台 M 16　龙形佩　长 10.6 厘米、宽 4.6 厘米、厚 0.5 厘米

⓭ 图 209　平粮台 M 16　龙形佩　长 9 厘米、宽 5. 3 厘米、厚 0.4 厘米

⑭

⑮

⑯

⑰

⑭图 210　平粮台 M16　鹰嘴龟体佩
长 4.4 厘米、宽 2.6 厘米、厚 0.2 厘米
⑮图 211　平粮台 M16　双龙同体佩
长 12.3 厘米、宽 3.8 厘米、厚 0.45 厘米
⑯图 212　平粮台 M16　玉璜
长 13 厘米、宽 2 厘米、厚 0.3 厘米
⑰图 213　安徽李三孤堆　玉环
直径 8.3 厘米

（图 197~ 图 213　战国晚期楚国玉器）

第五章　汉代玉器

第一节　汉代玉器的特征与用途

一、汉代玉器的特征

汉代玉器既继承了战国玉器的传统，又有较大的创新。玉器材料主要来自新疆和田。治玉技术也有所改进，汉以前的玉器多扁平玉片，上面饰以浅浮雕花纹。汉代玉器高浮雕和圆雕增多了，花纹雕刻技术和抛光技术均有进步，装饰花纹从以抽象为主转变为以写实为主。

二、汉代玉器的用途

玉器的种类可分为：

1. 仪礼上使用的玉器。《周礼》所记载的六瑞：璧、琮、圭、璋、琥、璜，这是战国至汉初礼学家们对古代用玉礼制的看法，并不完全符合事实。汉代盛行璧、圭，琮、璋已不制作，琥、璜只作佩饰之用。

2. 葬玉。它是专门为保存尸体而制造的，包括玉衣、九窍塞、玉琀、握玉等。

3. 装饰与艺术品。汉初继承战国佩玉的传统，把不同的佩玉如璜、璧、琥、珑等组合为“组佩”，还有玉觿、玉笄、带钩、玉剑饰、枕、玉印、玉扳指、玉马、玉舞女、玉屏风等。

第二节　玉器举例

1. 皇后之玺

1968年出土于陕西咸阳市韩家湾狼家沟汉高祖长陵，高2厘米，印面长、宽各2.8厘米。和田白玉，纽作蟠螭状，印文为阴刻，篆书“皇后之玺”四字（图214），字体端正。它是迄今出土的唯一一件西汉帝后玉玺，具有重要的历史、艺术价值。这

图214　长陵　皇后之玺　边长2.8厘米

件玉玺应是吕太后所用的玉玺。吕太后是汉朝的第一任皇帝夫人，是一个铁腕人物，因为宫廷斗争，把戚夫人迫害成了“人彘”，还下令杀死了为汉朝立下了汗马功劳的韩信。

2. 玉衣、九窍塞、玉琀、握玉

目前已发现玉衣20余件。不同的等级有不同的规定：皇帝使用金缕，即金丝编缀，有时皇帝也特赐大臣享用，称为“金缕玉衣”；其他大贵族如诸侯王、列侯、始封贵人、公主使用银缕；大贵人、长公主使用铜缕。每件玉衣均由头罩、上身、袖子、手套、裤筒和鞋六部分构成。一件玉衣要用玉2000余片，中山靖王刘胜的金缕玉衣用玉片2498片和金丝1100余克，属首次发现并保存完整的一件玉衣，也是殓葬玉中目前发现的最重要、等级最高的葬仪实物（图215）。

图215　西汉中期　满城汉墓　金缕玉衣　通长188厘米

九窍塞是填塞或遮盖死者的耳、目、口、鼻、肛门和生殖器等9个窍孔之用的，目的是防止精气溢出，并使尸体不朽。葛洪《抱朴子·对俗》：“金玉在九窍，则死人为之不朽。”

玉琀就是含在死者嘴里的玉器。汉代一般为玉蝉，可能蝉象征着变形和复活。

握玉就是握在死者手中的玉器。汉代一般为玉豚，也有的为玉璜。

3. 玉具剑饰

玉具剑饰就是剑上的装饰部件。剑首位于剑的柄端，剑格位于剑柄与剑身交接处，剑璏是安装在剑鞘上的带钩，剑珌是剑鞘末端的装饰部件。以西汉中期中山靖王刘胜墓出土的一套剑饰最为完好、精美，有剑首、剑格、剑璏、剑珌共4件，和田白玉雕刻而成，剑饰以压地蟠螭纹为主体图案，纹饰精美（图216～图219）。

图216　玉剑首

图 217　玉剑格

图 218　玉剑璏

图 219　玉剑珌

4. 玉铺首

玉铺首是镶嵌在门上起装饰作用的建筑构件。陕西汉武帝茂陵附近出土的玉铺首通高 34.2 厘米、宽 35.6 厘米、厚 14.7 厘米，重 10.6 千克，用一整块青玉雕琢而成。正面中部纹饰为一兽面，两侧饰青龙、白虎、朱雀、玄武，上部饰线刻云纹。背面为素面，有带孔长方形钮，供穿榫之用（图 220）。

5. 玉舞人

玉舞人，现已发现多件，是研究汉代服饰、舞蹈、琢玉技术的宝贵材料。如满城汉墓中山靖王夫人窦绾墓出土的玉舞人，悬挂在串饰之中，婀娜多姿（图 221）。南越王赵眜墓出土的玉舞人，舞人头右后侧梳一螺髻，长袖飘举，翩翩起舞（图 222）。该墓属汉武帝时期，下葬年代为公元前 122 年。徐州石桥村二号墓出土的玉舞人，时代属汉宣帝时，作长袖舞动之状，做工较为粗放（图 223）。

❶ 

❷ 

❸ 

❹ 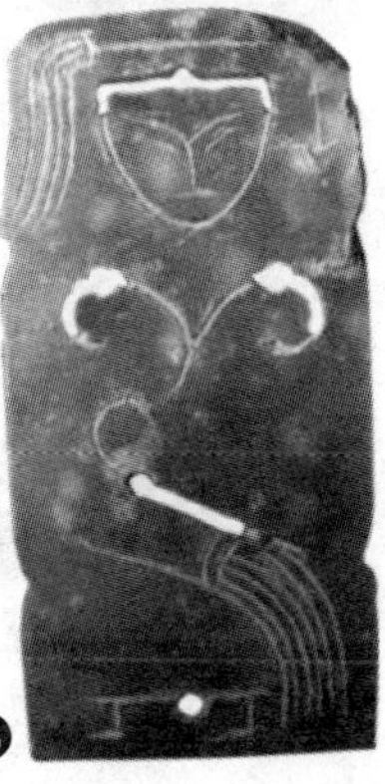

❶图 220　茂陵　四神玉铺首
❷图 221　西汉中期满城汉墓玉舞人串饰　舞人高 2.5 厘米
❸图 222　南越王墓　玉舞人高 3.5 厘米
❹图 223　西汉晚期徐州石桥二号墓　玉舞人　高 3.8 厘米

6. 凤纹牌形玉佩

出自南越王赵眜墓。由玉凤、玉璧等组合而成（图 224）。

7. 角形玉杯

出自南越王赵眜墓。材料为优质和田白玉，杯呈角状，杯身修长，外琢蟠螭纹，以阴线勾连涡纹衬地。纹饰典雅，造型别致（图 225）。

8. 活环盖圆玉盒

出自南越王赵眜墓。材料为和田青玉，呈扁圆形，盖顶有一绹索纹活环，盖面从里至外琢隐起八瓣柿蒂纹、勾连纹、隐起勾连涡纹和花蒂纹，盖内中心琢阴线凤纹。盒身似碗形，饰隐起阶梯状勾连纹及阴线绳纹（图 226）。

9. 玉龙虎并体带钩

出自南越王赵眜墓。为和田优质青白玉，微透明，温润晶莹。钩首琢成正视虎头形，钩尾琢成侧视龙头，龙回首衔环一侧，另一侧则龙爪抓环。带钩上饰隐起涡纹。该器碾工精细，属南越王赵眜服饰用器（图 227）。

图 224 南越王墓 凤纹牌形玉佩 长 14 厘米

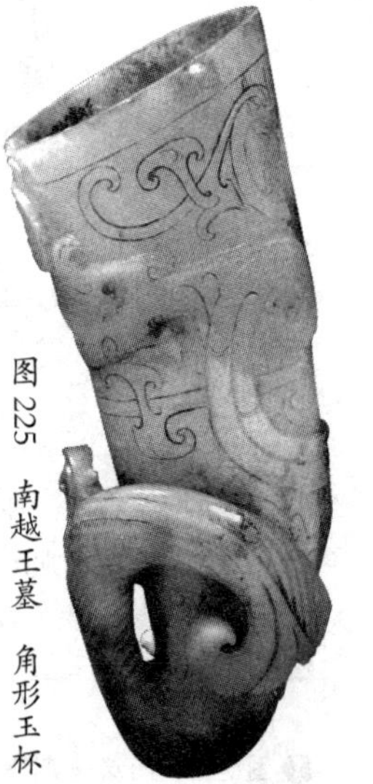

图 225 南越王墓 角形玉杯 高 18.4 厘米

图 226 南越王墓 玉盒 通高 7.7 厘米

图 227 玉龙虎并体带钩

10. 承盘高足玉杯

出自南越王赵眜墓。高足玉杯置于三足盘之上（图 228）。

11. 玉龙佩、玉狮、玉杯、玉觽

徐州狮子山汉墓时代属于西汉中期。该墓出土了一批精美玉器，如玉龙佩、玉狮、玉杯、玉觽（图 229～图 232）。

❶

❷

❹

❸

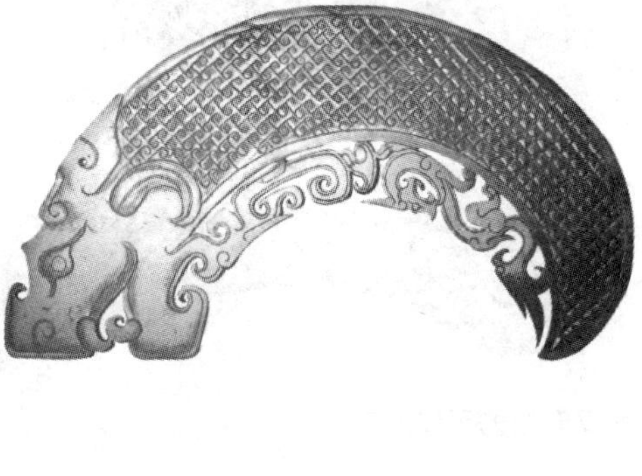
❺

❶图 228　南越王墓　承盘高足玉杯　通高 17 厘米

❷图 229　西汉中期徐州狮子山玉龙佩　高 17.1 厘米

❸图 230　西汉中期徐州狮子山玉狮　长 23.5 厘米

❹图 231　西汉中期徐州狮子山玉杯　高 11.6 厘米

❺图 232　西汉中期徐州狮子山玉觽　长 13.5 厘米

12. 玉仙人奔马

汉昭帝平陵东北70米处出土的玉仙人奔马，高7厘米，长8.9厘米。优质白玉，光泽莹润。马体硕壮，胸侧生翼，四蹄奔腾。仙人骑在马上，右手执两枝灵芝。玉质精良，碾琢精细，形象生动，是汉代玉器的代表作之一（图233）。

图233　平陵　玉仙人奔马
长8.9厘米、高7厘米

13. 玉辟邪

辟邪是一种能够驱邪和带来祥瑞的怪兽。该器出自元帝渭陵附近，玉质为白玉，圆雕，独角，长须，龇牙咧嘴，昂首弓身而卧，尾垂地，有羽翼，体态雄健（图234）。

图234　渭陵　玉辟邪　长5.8厘米

14. 玉熊

出自元帝渭陵附近。熊尖首圆眼，双耳后抿，后肢微屈作逍遥漫游状，体态肥硕，笨拙可爱（图235）。

15. 玉环

出自徐州石桥汉墓。由龙、凤构成，造型生动（图236）。

16. 玉璜

出自徐州石桥汉墓。璜作双首同体龙形，饰云纹（图237）。

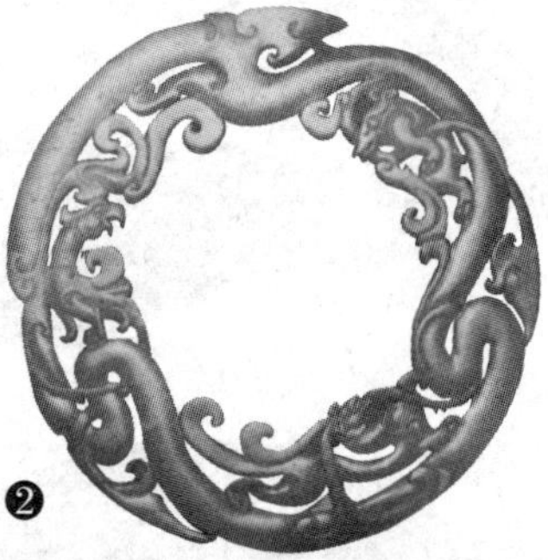

❶图235　渭陵　玉熊　长8厘米
❷图236　西汉晚期徐州石桥　透雕玉环　外径7.9厘米
❸图237　西汉晚期徐州石桥　玉璜　长11.5厘米

（图214~图237　西汉时期的玉器）

第六章　魏晋南北朝与隋唐五代玉器

第一节　历史背景

魏晋南北朝时期，社会动荡不安，出土的玉器数量少，风格上主要是继承汉代玉器的传统并加以简化，在玉佩等器物形制方面有所创新。

隋唐时期，国家重归一统，国力强大。唐朝与萨珊波斯等国家友好往来，许多胡商到唐朝各大城市经商，同时也带来了中亚、西亚的文化艺术，对唐朝的玉器制造有明显的影响。隋唐时期，于阗强盛并与隋唐保持着密切联系。唐朝的金银器制造技术对玉器有较大的影响。唐朝盛行佛教，有些玉器如飞天玉雕等，就是反映佛教思想的作品。

第二节　玉器举例

唐代的玉带制度是在于阗的影响下形成的。革带上安有带銙，带銙的材质因官品高低而不同，材料有金、玉、银、铜、铁等；带銙数量多少与官员品级的高低相对应。《新唐书·车服志》载："其后以紫为三品之服，金玉带銙十三。"五代、宋、辽、金、明均延续了玉带制度。

金玉宝钿带銙：1992年出土于陕西省长安县王村唐代窦皦墓。此带由1个玦、1个铊尾、4个弧首扁方銙和9个圆形带銙组成（图238）。以白玉作框，内嵌金炸珠地掐丝花草图案并镶珍珠和各色宝石，下衬铜板。玉框、铜板均用金钉铆在鞓带上。这是一件玉金嵌珠宝的复合工艺品，属全国首次发现。

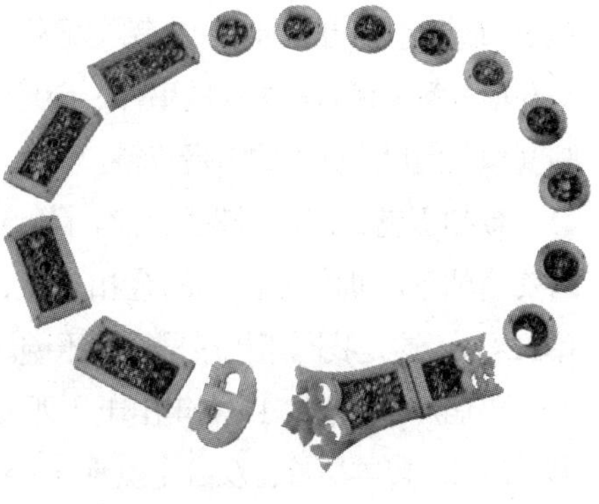

图238　金玉宝钿带銙

玉狮纹带銙：1970年西安南郊何家村唐代窖藏

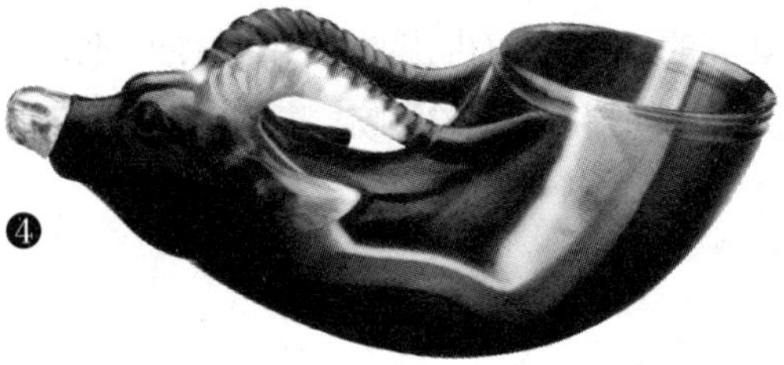

❶ 图 239　玉狮纹带銙
❷ 图 240　玉云龙纹带銙
❸ 图 241　金扣玉盏
❹ 图 242　玛瑙羚羊首杯

（图 238~ 图 242　隋、唐、五代玉器）

出土玉带銙 7 副，其中有 15 片的 2 副、16 片的 5 副；有 5 副为素面、2 副有纹饰（图 239）。有纹饰者其中一副由 13 块方牌、2 块圆首铊尾、1 枚玉玦共 16 块组成。琢减地狮纹，带上的 13 块方牌，与《新唐书》所载相符。另有一副饰伎乐人纹。

玉云龙纹带銙：1942 年—1943 年，在四川成都前蜀王建陵墓中发掘出一副玉带，有玉带銙 7 块，1 个铊尾（图 240）。据铭文记载，该玉带制作于前蜀永平五年（公元 915 年），铭文记述了永平五年孟冬下旬后宫失火的事件、碾琢玉带的缘由和带銙、铊尾的尺寸。这件作品是研究五代玉带制度和五代尺度标准的宝贵资料。

金扣玉盏：战国时期已经有了金钮玉环，隋唐时期将金、玉材料结合得更为精致。1957 年西安隋朝李静训墓中出土的金扣玉盏，材料为优质和田白玉，体圆直口，深腹圈足，口嵌金扣（图 241）。这是我国年代最早的金玉碗。

玛瑙羚羊首杯：1970 年出土于西安南郊何家村唐代窖藏，用红白玛瑙碾琢而成，杯作羚羊首形，圆口。羚羊昂首，双目注视前方，双角细长，角尖与杯口相连。口镶金套，供饮酒用（图 242）。波斯较早流行这类金银器，该杯是受波斯文化影响的产物，反映了唐代与波斯文化的交流状况。

第七章　辽、宋、夏、金时期玉器

第一节　宋代玉器

一、历史背景

两宋时期，经济和文化发达。北宋兴起了收藏和研究金石文物的社会风气，金石学成为一门显学，吕大临的《考古图》和王黼的《宣和博古图》等是这一时期出现的金石学代表著作。宋代书画艺术也有了进一步发展，宋代玉器制造业就是在这种背景下产生的。

宋代玉雕受绘画艺术的影响，有着浓厚的绘画效果，玉器题材包括人物、花鸟、山林等。故宫博物院收藏的青玉镂空松下仙女图、玉树下婴戏图钮、青玉人物山子、青玉镂雕龟鹤寿字竹节环形饰、白玉镂雕松鹿圆形饰、白玉镂雕五禽图、白玉镂雕孔雀衔花佩、白玉镂雕双鹤佩、白玉镂雕葵花、白玉童子、青玉衔莲鳜鱼等，都是宋代形神兼备的代表作。

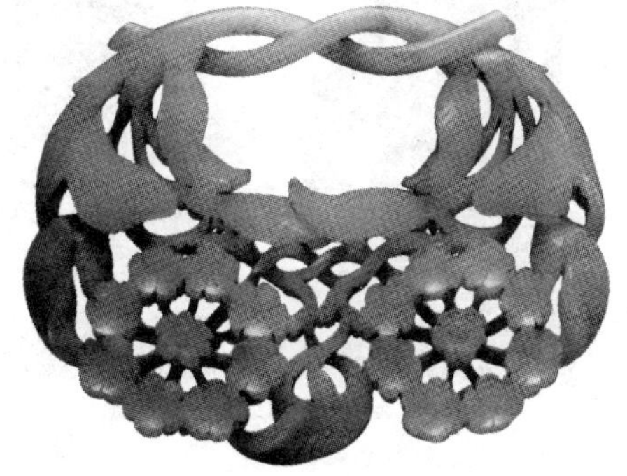

图 243　玉镂空折枝花锁形佩

二、玉器举例

玉镂空折枝花锁形佩：1974 年出土于北京房山县长沟峪金墓。和田青玉，玉锁镂空两朵折枝“聚八仙”花卉，交茎作椭圆形，叶脉等细部用阴线碾琢（图 243）。该器虽出自金墓，但从形制和工艺看，当为北宋玉器。

图 244　玉卧鹿

玉卧鹿：1962 年出土于北京清代黑舍里氏墓。和田青玉，略偏白色，微透明。圆雕卧鹿，摆头前视，双耳直立，颈粗体肥。形象生动，抛光精细，北宋玉雕精品，属于晚期墓里埋葬了早期器物（图 244）。

青白玉童子：时代为宋代，2000年出土于杭州西湖雷峰塔基址。青白玉，片状，部分透雕，琢刻一童子双手叉腰立于云朵之上，下有榫，插于方座之上，方座刻海水波涛（图245）。整体雕琢精细，童子五官生动，衣裙飘逸，是目前所知年代最早的玉琢童子形象。

玉镂空松下仙女图饰件：时代为北宋，故宫博物院藏，长9.6厘米、宽7.8厘米、厚1.5厘米。和田青白玉，整体为圆角长方状，层叠镂空，画面中一仙女和执灯侍女在松下漫步，前方为一只鹤伫立回首，上方为一乘云仙女（图246）。饰件人物比例准确，神情生动，是北宋玉器的代表作之一。

◀ 图245　青白玉童子

▲ 图246　玉镂空松下仙女图饰件

（图243~图246　宋代玉器）

第二节　辽代玉器

一、历史背景

916年，契丹族首领耶律阿保机建立大契丹国。938年，耶律德光改国号为辽。辽的玉器既吸收了五代后晋以后各朝的风格，也吸收了北宋的玉器文化，又保留了契丹民族的特点。辽国有春秋出猎的捺钵制度，春季冰雪解冻、大地转暖时到沼泽地带捕天鹅充饥，冬季冰封前到山林猎取鹿、狍、虎、熊等动物作为食物储备。捺钵制度在玉器上也有所反映，如白玉熊、青玉双鹿带环、青玉虎鹿鹰鹊双面雕等。

二、玉器举例

玉镂空摩羯鱼藻佩：1986 年出土于内蒙古自治区哲里木盟陈国公主墓，时间为辽开泰元年至七年（1012—1018 年）。和田白玉，佩饰由 6 枚镂空玉片组成，上面的提领为长方形镂空花片，下面 5 片为碾琢鱼藻纹、双摩羯、双凤和双鱼藻的饰件。玉饰件与提领以金丝相连（图 247）。摩羯是一种龙鱼合体的动物，龙首，双翼，故称鱼龙，宋人又称为牙鱼或飞鱼。“摩羯”一词出自《玄应音义》，又译为摩伽罗鱼。《洛阳伽蓝记》载：“至辛头大河，河西岸上，有如来作摩羯大鱼，从河而出，十二年中以肉济人处，起塔为记。”以摩羯为佩可以得到如来的恩惠和保佑。这件玉器为契丹王室用器，具有重要的历史、艺术价值。

玉莲花形杯：1967 年出土于辽宁阜新塔营子。高 3.5 厘米、口径 6.1 厘米。和田白玉，侈口深腹，下腹弧收，喇叭状圈足，外壁从底向上饰隐起三重莲瓣与密集的花蕊（图 248）。

玉卧兽：1978 年内蒙古自治区巴林右旗白音汉窖藏出土。长 6.5 厘米、宽 1.5 厘米、厚 3.8 厘米。和田白玉，光泽晶莹。随形碾琢卧兽，兽身蜷曲，双眼原嵌件已失，头尾保留琥珀色玉皮，兽毛用阴线表示（图 249）。该器具有契丹民族特色。

❶

❶图 247　玉镂空摩羯鱼藻佩
❷图 248　玉莲花形杯
❸图 249　玉卧兽

❷

❸

（图 247~ 图 249　辽代玉器）

第三节　金代玉器

一、历史背景

1115年，女真贵族完颜阿骨打称帝，国号金，都上京会宁府（今黑龙江阿城南）。金代玉器是在辽、北宋和南宋玉器基础上发展起来的，金在灭辽、北宋时，还直接抢掠了辽、北宋的大量皇家瑰宝。金吸收了辽的捺钵制度，春秋两季外出打猎，女真人称之为“春水”、“秋山”，它是女真皇家重要的祭祀、娱乐活动。反映“春水”、“秋山”活动的春水玉、秋山玉是女真族的典型作品。清宫所藏的春水玉作品有镂空鹘攫鹅首、镂空鹘攫鹅首环、镂空天鹅穿荷、镂空鹘捕天鹅穿荷、镂空鹘攫天鹅穿荷环、镂空起突鹘攫天鹅穿荷铊尾。春水玉作品生动活泼，春意盎然。秋山玉作品较少，如青玉双鹿带环、白玉镂空双鹿饰，其艺术风格宁静、恬淡、朴实。

玉逍遥也是颇具特色的玉器。它是金人常服中老年妇人所服之巾，即女帽，原为辽代服制，后为金人袭用。阿城金齐王夫妇墓出土的齐王妃所戴的玉逍遥完整无缺，它用白罗纱做成笼髻之平顶帽，两侧有长带下垂，在脑后部正中系镂空双寿带玉饰一件，两侧各系一金环。

二、玉器举例

玉鹘攫天鹅饰带环：长7.5厘米、厚2厘米。和田青白玉。镂空圆环上琢折枝荷叶，一只天鹅躲在荷叶下，其上有一只鹘（海东青），荷叶巧借玉皮上的红色装点（图250）。这是一件具有女真民族特色的春水玉作品。

图250　玉鹘攫天鹅饰带环

玉龟游佩：1980年北京丰台区王佐公社金代乌古伦墓出土，共2件。长10厘米、高7厘米、厚1.3厘米。和田青玉，佩整体呈椭圆形。镂空菱草荷叶纹，两片荷叶上各有一只蹒跚爬行的乌龟（图251）。《宋书》卷二十八《符瑞志》载：“灵龟者，神龟也。王者德泽湛清，渔猎山川，从时则出，五色鲜明，三百岁游于蕖叶之上，三千岁常游于卷耳之上。知存亡，明于吉凶。禹卑宫室灵龟见。”神龟出现是一种祥瑞之兆，玉龟游佩属于符瑞玉器。

图251　玉龟游佩

玉鸟啄花佩：直径6厘米、厚0.5厘米，同出于乌古伦墓。和田玉。镂空琢绶带、鸟及花卉，花叶均下凹，以细阴线碾琢花蕊和叶脉，鸟的羽毛用细阴线表现（图 252）。碾琢工艺高超，是金代玉器的一件佳作。

图 252　玉鸟啄花佩

（图 250~ 图 252　金代玉器）

第八章　元、明、清时期玉器

第一节　元朝玉器

一、历史背景

1206年，铁木真建立了蒙古汗国。1271年，忽必烈改国号为元。元朝贵族用玉量相当大，为此政府专门设立了碾玉的管理机构和官办玉作坊负责制玉，以满足各级贵族的需要。

元朝的玉器制造业在继承宋、辽、金玉器制造业的基础上，有了新的发展，并具有蒙古族的民族特色。杨伯达先生将元朝玉器分为八类：朝廷用玉、佩饰、首饰、陈设、器皿、文房用具、肖生玉、春水秋山玉。栾秉璈先生将之分为四类：装饰类（如带钩、带扣、飞天佩、鱼形佩、羊形佩、熊虎纹佩、螭纹佩、花朵形饰、笄、项链、双童坠、春水玉、秋山玉等）、礼仪类（如八思巴文玉册、璧等）、日用类（如瓶、壶、尊、杯、洗等）、观赏陈设类（如玉海等）。

二、玉器举例

1. 渎山大玉海

该器堪称蒙古汗国时期的玉器杰作，元世祖至元二年（1265年）琢成此器。《元史·世祖本纪》载："渎山大玉海成，敕置广寒殿。"这说明蒙古贵族接受了汉族的玉石观，将玉器置放于重要位置。渎山大玉海是一个大玉瓮，高70厘米，口径135×182厘米，最大周长493厘米，膛深55厘米，约重3500千克，可贮酒30余石。材料为墨玉，玉色青白夹带黑色。器物周身碾琢隐起的海龙、海马、海羊、海豚、海犀、海蛙、海螺、海鱼、海鹿等海中瑞兽13种，形态生动，气势雄伟。清代时，乾隆皇帝命玉工又重新对花纹进行了加工。

2. 玉押

元朝玉器中的一种。陶宗仪《辍耕录》卷二载："今蒙古、色目人之为官者，多不能执笔花押，例以象牙或以木，刻而印之。宰辅及近侍官至一品者，得旨则用玉图书押字，非特赐不能用。"1956年安徽省安庆市范文虎夫妇合葬墓出土的玉虎纽押，和田青玉，上琢卧虎纽，虎头及背部巧用褐色玉皮，用阴线表示虎毛，虎腹下有一穿可系绶。押文为长短不一的阳文三勒（图253）。除蒙古、色目人外，汉人也用玉押。该器为研究元押制度提供了宝贵资料。

3. 玉龙首扣龙环带钩

通长 105 厘米，白玉，局部墨色。钩头琢成两角龙首形，钩身为琵琶形，后段琢镂空芙蓉花，因玉含墨色，故留琥珀色玉皮相衬。环琢隐起云纹，端部琢成蜷身升龙形象，钩首与环孔相套（图 254）。该器是“巧作”玉中的上品。

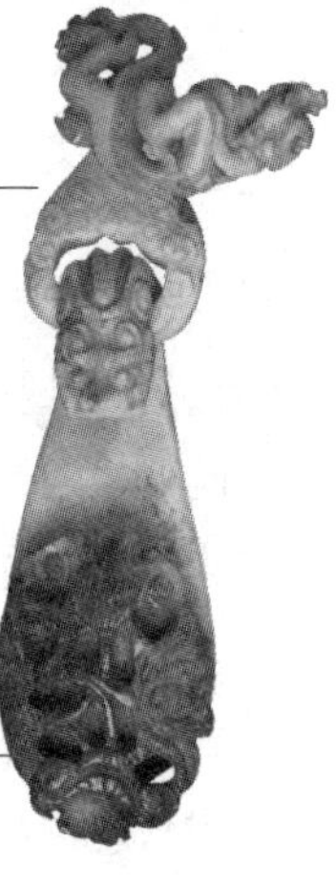

▲ 图 253　玉虎纽押

▶ 图 254　玉龙首扣龙环带钩

（图 253~ 图 254　元朝玉器）

第二节　明朝玉器

一、历史背景

由于北元残余势力的干扰，明朝北部边疆动荡不安。明朝通过受贡、贸易等方式获得和田玉，数量超过以往。明朝的碾玉地点有北京、南京、杭州、苏州、和田等处，以苏州专诸巷最为著名，陆子刚就是苏州的治玉名工。明代用玉数量有增无减，皇家用玉和民间用玉更加普遍，玉器生产比元代发达。

明初碾玉技术精细，如南京汪兴祖墓（1371 年）出土的金扣镂空云龙带銙，邹县朱檀墓（1389 年）出土的金镶白玉灵芝纹带板、山玄玉圭、青玉金龙纹佩和白玉葵花杯，均是明初的代表作。

明朝中后期由于商品经济发达，玉器制作业走上了装饰化、工艺化、玩赏化、商品化的道路。

二、玉器举例

1. 玉秋葵花杯

1971 年邹县朱檀墓出土，该墓下葬于洪武二十二年（1389 年）。杯体高 3.2 厘米、口径 7.3 厘米。杯形仿盛开的秋葵花，花蕊隐起，杯柄为上卷三叶，底有一叶支托。碾琢精致，美观大方（图 255）。

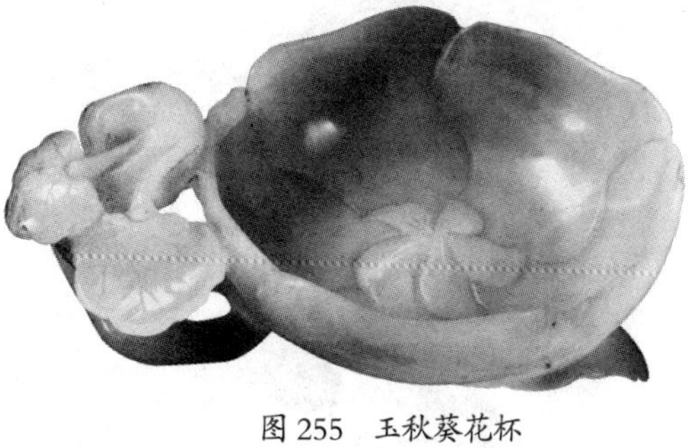

图 255　玉秋葵花杯

2. 玉镂空盘龙纹带环

时间为明初。直径 8.6 厘米。镂空的盘龙右爪与尾衔接，配以卷云，连接成扁圆环。龙首在环上，长鬣分披两侧。四足五爪，鳞纹细密（图 256）。此环做工精巧，为传世的明皇家玉器。

图 256　玉镂空盘龙纹带环

3. 玉兽面纹鼎式炉

时间为明中期。通高 14.7 厘米，口径 11.95 厘米，仿商代晚期鬲式鼎琢成。口沿为云雷纹，腹部为兽面纹，足部饰蝉纹（图 257）。这是一件仿古玉器精品。

图 257　玉兽面纹鼎式炉

4. 玉瑞兽香熏

时间为明中期。高 17.8 厘米、口径 5.6 厘米。呈瑞兽形，兽头为盖，可以启合，器内空可置香料。瑞兽张口露齿，立耳瞪目，四足三爪，卷尾为鋬。器身琢隐起龙凤纹，腿部琢火焰纹（图 258）。该器碾琢精致，为明朝宫廷玉器精品。

5. 金托玉执壶

1958 年北京昌平明定陵出土。时代为明万历年间。通高 26.5 厘米，口径 5.3 厘米，足径 7 厘米。和田白玉。长颈，鼓腹，圈足，有流，带盖，盖上有火焰珠纽，盖与柄用 16 节套环相连。腹部琢桃形开光，开光内饰花托、万寿（图 259）。这是万历皇帝生前用器。

图 258　玉瑞兽香熏

图 259　金托玉执壶

（图 255~ 图 259　明朝玉器）

第三节　清朝玉器

一、历史背景

清朝前期，准噶尔部与清朝分庭抗礼，经常袭扰甘青、喀尔喀蒙古和察哈尔等地，使玉路受阻，和田玉不能正常运往内地，从而影响了清朝前中期的玉器生产。乾隆二十二年（1757 年），清朝最后平定准噶尔叛乱，乾隆二十四年（1759 年）又相继平定了天山南路回部大小和卓木叛乱，玉路恢复畅通。新疆回部每年春秋两季贡玉 1 000 千克，苏州、北京、江宁、扬州等地作坊还从私贩手中获得玉料。

乾隆皇帝酷爱玉器，是一位杰出的玉器理论家、鉴赏家，其咏玉诗达 800 余首。他主张良材不琢，反对“俗样”，崇尚师古，提倡画意，推崇痕玉（印度玉器），并且亲自指导玉器生产，对促进清代玉器制造业的繁荣作出了重大贡献。

二、玉器举例

1. 玉虎纽盖匜

清乾隆四十一年（1776 年）制成。高 10.2 厘米，长 15.5 厘米，宽 6.6 厘米。和田青玉。仿青铜匜样式。盖前琢兽面纹，上有二蘑菇形角，盖顶琢卧虎纽。流短而宽深腹，椭圆足，方折夔龙鋬。盖内镌御制诗：“和阗玉来夥，巧制颇纷如。渐欲引之古，庶几返以初。为匜肖周代，作器戒虚车。流鋬考工合，敦牟介绍诸。”末署“乾隆丙申新正上浣御题”，外底阴刻篆书“乾隆仿古”有框白文款。这是一件乾隆仿古彝玉器的代表作（图 260）。

图 260　玉虎纽盖匜

2. 玉活环带盖壶

清乾隆四十一年（1776 年）制成。通高 29.5 厘米。和田山料青玉。器体扁圆，口与圈足为椭圆形。盖面琢出 6 个圆涡纹，颈部有 4 个兽头衔活环，腹部琢出 4 组变体夔龙纹。颈部有乾隆丙申仲春御题诗：“和田采玉春秋贡，琢器频翻《博古图》。时样颇嫌巧乃俗，周壶尤近古之模。……”这是按乾隆皇帝的旨意碾琢的宫廷仿古彝玉器(图 261)。

图 261　玉活环带盖壶

3. 玉错金镶红宝石双耳碗

时间为乾隆年间。高 4.8 厘米，口径 14 厘米，足径 7 厘米。和田白玉。口沿下有双花蕾耳，花瓣式足。碗的外壁嵌金丝为枝叶，大小花朵上嵌 180 粒红宝石，底嵌金丝花草纹。碗内壁刻有乾隆丙午新正月御制诗，内底中心琢隶书“乾隆御用”阴文款（图 262）。它是乾隆皇帝在举行重大典礼时御赐奶茶所用，是研究清朝与印度莫卧儿王朝玉器交流的重要资料。

图 262　玉错金镶红宝石双耳碗

4. 玛瑙凤首杯

时间属乾隆时期。高 13.3 厘米，长 13.8 厘米，宽 7.5 厘米，口径长 10.3 厘米、宽 8.3 厘米。红白玛瑙产于云南省保山县玛瑙山，现已绝产，弥足珍贵。整体作翔凤负杯状，杯琢成凤首形，杯口呈椭圆形，外壁口沿隐起螭虎纹（图 263）。这是一件仿古佳品。

图 263　玛瑙凤首杯

5. 玉镂空螭虎盏与托

时间属乾隆时期。连托高 7 厘米，托长 15.5 厘米，托宽 12 厘米，盏长 8.5 厘米，盏宽 6 厘米。和田白玉。盏圆口，斜壁，凹足，盏口镂琢二螭。托为椭圆形，中心有突起莲花座，盏足稳落其中，沿托边镂琢三螭。盏托底部均琢阴文篆书“乾隆年制”款。此盏托是乾隆时期仿汉玉器之精品（图 264）。

图 264　玉镂空螭虎盏与托

6. 玉镂空牡丹花熏

时间属乾隆时期。高 10.2 厘米，长 20 厘米，宽 14 厘米。和田白玉。熏体扁圆，浅腹，有盖。盖上镂空四朵牡丹花，盖面、器身、双耳均为镂空枝叶茂密的牡丹，器足装饰镂空如意花瓣纹（图 265）。此器为花熏中有代表性的精品。

图 265　玉镂空牡丹花熏

7. 玉錾耳寿意杯（附绿玉托架）

时间属乾隆时期。杯高 3.7 厘米，口径 13.5 厘米。白玉与绿玉均为和田玉。錾耳面琢一凸起“寿”

字，下附三角形纹饰。托为绿玉。托边镂卷草纹，中心镂琢“寿”字，一侧镂空拐子柄，柄下阴刻一“乙”字，表示玉器的等级。托下为墨绿色玉架，下有圆桌式六夔龙足，六足间有圆形撑及镂空“寿”字。杯托均有三足落于榫内，连接牢固。这是一件皇家祝寿用的器皿（图 266）。

8. 玉卧马

时间属乾隆时期。长 13.8 厘米，高 7.8 厘米，宽 8.3 厘米。和田青玉。卧马回首顾盼，长鬃披于颈后，前足弯曲，长尾搭于腹前，腹下琢阴文篆书“乾隆年制”款（图 267）。

乾隆时期雕琢的一件最大的玉山是“弥勒塔山玉大禹治水图”。玉材产于叶尔羌弥勒塔山。该作品重 5 350 余千克，高 224 厘米。乾隆皇帝命如意馆以宋人画《大禹治水图》为蓝本，重新设计，由画家贾铨照图在大玉上临画。乾隆四十六年（1781 年）闰五月初七日运至扬州，于五十二年（1787 年）八月十六日运至北京，前后用了六年时间才完成这件作品。此玉山一直陈设在乐寿堂后间正中处。作品上遍布立雕山水人物，山势险峻，洪水滔天，人们正紧张地开山劈石，疏通水道，逼真地再现了大禹治水艰辛繁忙的场面。作品正面中部山石处阴刻“五福五代堂古希天子宝”篆文方印，背面上方阴刻乾隆皇帝题“弥勒塔山玉大禹治水图”楷书七言诗及其自注。乾隆皇帝治此玉山，旨在弘扬大禹的治水业绩，并传之久远。

图 266　玉錾耳寿意杯

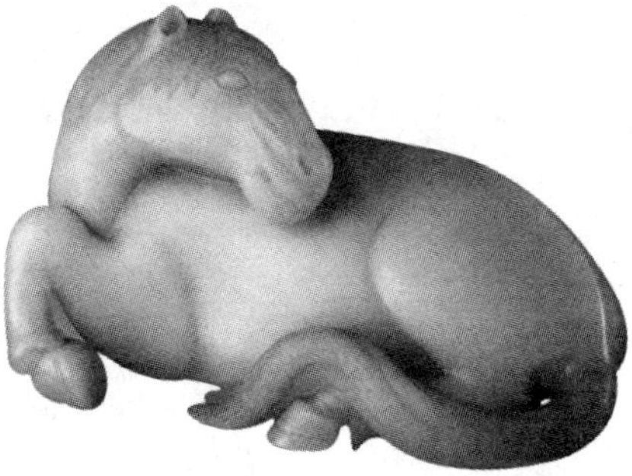

图 267　玉卧马

（图 260~ 图 267　清朝玉器）

中篇
青铜器

第九章　中国青铜器概论

第一节　青铜器与青铜时代

一、青铜器的特点

青铜，就是红铜和锡的合金，有的是红铜和锡、铅的合金，少量是红铜和铅的合金。用青铜铸造的器物就叫青铜器。

青铜具有以下几个特点：

⑴ 熔点低。红铜熔点为1083℃，随着加入锡的数量不同，熔点会发生相应的变化。若加15%的锡，熔点降为960℃；若加25%的锡，熔点则降为800℃。加铅也可以降低熔点。

⑵ 硬度大。现代研究成果表明，随着加入锡的数量不同，硬度也发生相应的变化。红铜硬度是布氏硬度的35度，若加锡5%~7%，硬度就增加50%~60%；若加锡7%~9%，硬度就增加70%~80%。青铜中锡的成分占20%时，其延伸率为40%，抗拉强度约为30千克/毫米^2，硬度约为200度。古人根据铸造器物的不同用途，加入不同数量的锡。

学者们普遍认为，《周礼·考工记》一书是战国时期的著作，该书是对夏、商、周以来青铜铸造技术的科学总结。《考工记》原是一本独立的书，因《周礼·冬官》遗失，遂将该书补入《周礼》，成为《周礼》的一部分。该书记载了制作不同器物的合金比例："六分其金而锡居一，谓之钟鼎之齐（剂）。五分其金而锡居一，谓之斧斤之齐。四分其金而锡居一，谓之戈戟之齐。三分其金而锡居一，谓之大刃之齐。五分其金而锡居二，谓之削杀矢之齐。金锡半，谓之鉴燧之齐。"这段文字详细说明了青铜中铜、锡的含量与器物用途之间的关系，见表9-1。

表9-1　《考工记》所载不同器物的铜锡含量

	铜(%)	锡(%)
钟鼎之齐	83.3	16.7
斧斤之齐	80	20
戈戟之齐	75	25
大刃之齐	66.7	33.3
削杀矢之齐	60	40
鉴燧之齐	50	50

根据现代科学分析，著名的司母戊鼎中铜占 84.77%，锡占 11.64%，铅占 2.79%；郑州出土的两件大方鼎铅占 17%，锡占 3.5%，与《考工记》所记相符。

⑶ 化学性质稳定。青铜器之所以能够保存得比较好，就是因为其化学性质比较稳定，不容易与其他物质发生反应。相比较而言，铁的化学性质很活泼，铁器保存得就比较差。

⑷ 铸造性能好。铜锡合金的液体填充性能好，无孔不入，铸造的铜器很少有沙眼，具有良好的铸造性能。

二、青铜器的铸造

欧亚文明古国的青铜器主要是用锤打、石范或失蜡法制成的。中国青铜器的铸造主要使用陶质块范，这是中国古代先民在青铜铸造技术方面的创造发明。陶范是从泥模或陶模上分块翻出来的，陶范或陶模的土都是经过仔细选择的、洁净匀细的黏土。为了增强陶范承受热力的性能和增加机械强度，还必须在陶范内加入细砂，只有这样，在浇注铜液时，陶范才不会开裂和崩坏。在浇注铜液时，会产生少量气体，不排除这些气体，就会在铸件上出现气孔，严重的甚至会变成废品。为解决这一难题，工匠们经过摸索，在土内掺入少量切细的麦秆或掺入稻壳，这样把泥范烧成陶范时，有机物被烧成灰烬，就可形成细微的气孔。青铜器铸造的工艺过程是：制模→翻范→制内范→焙烤内外范→合范→浇注→打磨修整。

⑴ 制模。根据自己设计的器形，用土制一个实心的模子。如果有花纹，则在模子上画好花纹，花纹的凸起部分要用泥精雕，花纹的凹入部分要用刀细刻。在殷墟就发现了方彝、鼎、觚、卣、盘的残模。模子一般是用泥做的。这是中国铸造青铜器的传统工艺，用这种方法铸造小型或大型铸件，都能得心应手。

⑵ 翻范。用土做一个底座，把模子倒置在底座上，把调和好的细泥拍打成泥片，按压在模子外部，用力压紧，花纹就压印在外范上。等泥片半干时，把外范用刀切割成若干块。块范与块范之间要做好三角形的子母榫，使范与范契合无间。把若干块切割开来的范合在一起，形成器物的外腔，即外范。外范块数的多少依器物的大小和复杂程度而定。如铸造武器和工具，一般采用双合范，二里冈商代前期每一镞范内一次可铸 5~7 个箭镞。带銎的武器和工具，除双合范外，还要填一个内范。容器一般采用多合范法。分铸法是工匠们在铸造比较复杂的器物时发明的一种新方法，更复杂的器物则采用失蜡法。

⑶ 制内范。内范一般用模子制成，把泥模子外层趁湿刮掉，刮去的厚度就是待铸的器物的厚度，刮磨一定要匀称。有的青铜器上有铭文，铭文如果在器物内部的，铭文要反刻在内范的底上或壁上，有的反刻在圈足的内范上；铭文如果在器物外部的，则铭文应反刻在外范上。

⑷ 焙烤内外范。内外范修整结束以后，要慢慢阴干。干燥以后，放在炉中，用低温焙烤，600℃比较适宜。温度太高，泥范就要变形。泥范经过焙烤就变成了陶范。

(5) 合范。把内、外范组合起来，涂泥加固。

(6) 浇注。浇注之前，陶范要预热，以保证铜液迅速流到各个部位。

(7) 打磨修整。浇注完毕，待冷却后，打碎外范，掏出内范，打磨抛光，一件青铜器就制作完毕。

三、青铜时代

青铜时代是青铜作为制造工具、用具和武器的重要原料的人类物质文化发展阶段。最早提出这一概念的学者是丹麦考古学家汤姆森，1819 年，他主要根据人类使用的工具和武器等物，把丹麦博物馆的藏品分为石器时代、青铜时代、铁器时代。这一分期法真实地揭示了人类生产发展的历史过程，为广大学者所接受，至今仍被人们使用。

青铜时代在世界各地的出现并不平衡，有早有晚。伊朗南部、土耳其和美索不达米亚一带，最早使用青铜器大约在公元前第 4 千年初，欧洲在公元前第 4 千年中出现铜器。印度在公元前第 3 千年中，非洲约不晚于公元前第 1 千年，美洲则于公元 11 世纪以前在秘鲁和玻利维亚形成冶铜中心。

中国历史上也存在一个青铜时代，并且具有典型和鲜明的自身特色。中国的青铜时代大约从公元前 2000 年开始至战国结束。所谓的开始和结束，都是一个渐变的过程，产生需要一个相当长的探索时期，衰落也需要一个过渡阶段。郭沫若在《两周金文辞大系图录考释》一书中，根据青铜器的形象学的考古方法，对青铜器的造型、花纹和铭文进行了综合研究，将青铜器分为五期：第一期：滥觞期——殷商前期；第二期：勃古期——殷商后期及周初成康昭穆时期；第三期：开放期——周恭懿以后至春秋中叶；第四期：新式期——春秋中叶至战国末年；第五期：衰落期——战国末叶以后。

郭沫若这一分期结论基本上反映了中国青铜器的发展规律。从考古学界的最新成果来看，滥觞期应提前，夏代已经属于滥觞期了。他的青铜器断代研究方法给了后人很大的启发，陈梦家、郭宝均等青铜器研究专家沿着这一研究思路，取得了丰硕的研究成果。

青铜器出现以前，人们已经会锻打或冶铸红铜，这为青铜时代的到来奠定了技术基础。这个介于新石器时代和青铜时代之间的时代，史称红铜时代或铜石并用时代。在红铜时代，由于红铜质地软、数量少，还无法代替石器等工具，在生产方面仍以石工具为主，甚至在青铜时代，石工具也还占有重要地位。到铁器时代，生产工具才发生了根本性的变革。铁工具以其巨大的优越性，广泛应用于生产、军事和生活领域，石工具被彻底淘汰，历史也随之进入到崭新的时代。

1955 年，在属于龙山文化的河北唐山大城山遗址和墓葬内，考古人员发现了两块凹凸不平的红黄色梯形铜片，这是当时发现的最早的红铜制品。学者们认为这两片铜片是用冷锻加工的方法制成的。

在甘肃齐家文化遗址和墓葬中，也发现了较多的红铜制品。齐家文化分布在甘肃东部和青海东北部，距今约 3500 年。武威皇娘娘台遗址两次发现红铜器多达 23 件，器类有刀、锥、凿、指环等，另外还有铜渣和铜器的残片。在临夏大河庄遗址发现了铜匕。皇娘娘台出土的一件铜刀和一件铜锥经光谱分析后的成分如表 9-2 所示。

表 9-2　武威娘娘台遗址铜刀、铜锥所含金属成分

	铜	铅	锡	锑	镍
铜刀(AT5:249)	大量	≤0.03%	0.1%~0.3%	0.01%	0.03%
铜锥(T13:11)	大量	≤0.03%	0.1%	无	无

由表 9-2 可看出，刀、锥的铜含量约占 99.6%,而锡、铅等元素的总和约占 0.4%，这些工具无疑应属于红铜器，所含的锡、铅等元素应是矿石本身所含的杂质。齐家文化的红铜器多数为锤锻而成，个别的铜刀是在单模上锤打而成。有的经过冶炼，用单范铸造，再经过磨光打平或磨出较锋利的刃。以上材料表明，河北、甘肃一带在公元前 2000 年前后还处于铜石并用时代。

中原一带出土的青铜器时代较早。1973 年，在陕西临潼县姜寨的仰韶文化遗址里发现了一个铜片，经化验，铜片中铜占 65%、锌占 25%、锡占 2%、铅占 6%，属铜锌合金，这是目前我国发现的最早的一件铜器，距今约 5970 年。但是否为青铜器，学术界还有争议。在甘肃马家窑文化遗址中出土了一把青铜刀，这说明我国在公元前 3000 年就已经出现了青铜器。真正进入青铜时代应在龙山时代晚期和二里头文化时期，约公元前 2000 年。在郑州牛砦龙山文化遗址中，发现有炼铜的坩埚。在郑州董砦龙山文化遗址中，曾出土有青铜片。临汝煤山龙山文化遗址的灰坑（H28、H40）内，出土坩埚片，上附 6 层铜液痕迹，每层厚 0.1 厘米。登封王城岗龙山文化遗址的灰坑（H617）内，出土 1 件青铜器残片，残高 5.7 厘米，残宽 6.5 厘米，壁厚约 0.2 厘米，器表有烟熏痕迹，属实用容器。从器表弧度观察，该器物可能是鬶或斝的残片。残片左端保留一段合范缝，说明当时已采用了合范法。淮阳平粮台龙山文化城址内的一座灰坑（H15）内，发现了 1 块铜炼渣，呈铜绿色，长 1.3 厘米。文献记载也透露了这方面的信息，如《世本》载：“蚩尤作兵。”《左传·宣公三年》载楚庄王问鼎之小大轻重，王孙满回答说：“昔夏之方有德也，远方图物，贡金九牧，铸鼎象物，百物而为之备，使民知神奸。”《史记·封禅书》载：“昔闻泰帝兴神鼎一，一者壹统，天地万物所系终也。黄帝作宝鼎三，象天、地、人。禹收九牧之金，铸九鼎。”

四、青铜时代的社会与文化发展

由于世界历史发展的不平衡性，拥有相同的生产工具并不一定出现相同的社会形态。如希腊、罗马在青铜时代还处于原始社会，到公元前 10 世纪初至公元前 8 世纪进入铁器时代，社会形态才变为奴隶社会。而中国在青铜时代就已进入了奴隶社会。

青铜器的发明，尤其是青铜农具和手工工具的使用，大大地促进了生产的发展。产品有较多的剩余，于是出现了阶级，进而产生了国家。青铜工具的使用也使修造大型宫殿和城池成为可能，宫殿是国家政权的标志性建筑，是统治阶级行政、祭祖、居住的场所。在二里头遗址发掘的 4 座大型宫殿，工程浩大；偃师商城、郑州商城、安阳殷墟规模空前，如果没有青铜工具，没有经济的迅速发展，要建造那么大的城市，是根本不可能的。由于社会分裂为多个阶级和等级，统治阶级为了将其区分开来，制定了严格的礼乐制度，青铜礼器就是礼乐制度的物化形式。青铜器主要用于制作礼器，是中国青铜时代的突出特征之一。清人阮元说："器者，所以藏礼，故孔子曰：'唯器与名，不可以假人。'"青铜材料宝贵，青铜器因此显得越发珍贵。青铜礼器被赋予了特殊的社会含义，所以青铜礼器又被称为"彝器"。《左传·襄公十九年》载臧武仲对季孙说："……且夫大伐小，取其所得以作彝器，铭其功烈，以示子孙。"晋杜预注："彝，常也，谓钟鼎为宗庙之常器。"又在《左传·昭公十五年》注："彝，常也，谓可常宝之器。"

在青铜时代，战争中广泛使用青铜兵器，战争规模越来越大。《左传·成公十三年》载："国之大事，在祀与戎。"祀与戎即祭祀和战争，两件事之间关系密切。大规模的战争导致一批又一批新贵族的诞生。贵族们为了保住既得利益，希望贵族地位传之久远，于是制作青铜器，其铭文最后几句一般都是"子子孙孙，永宝用之"。随着青铜兵器的推广，中国的疆域日益扩大。夏朝疆域中心地区仅局限于豫西和晋南，偶尔深入到其他地区。到商朝已大大超出了这一范围，北达河北，西到陕西中西部，东部深入山东，南部远及江汉平原。到西周时期，封邦建国，疆域更加扩大。

伴随着军事的扩张，文化的交流也日益密切。中原地区的华夏文化与周边地区的蛮夷文化相互交流，取长补短，形成了多元一体的文化格局，以礼乐文化为标志的华夏文化始终居于主体地位。

第二节　青铜器的定名

青铜器广泛应用于生产和生活领域，按照青铜器的用途和形状，参考杜迺松、马承源等先生的分类成果，可将青铜器分为 12 类：

一、生产工具

1. 斧：斧是农业和手工业中的砍伐工具，呈长方形，带长方形銎(qióng，用以安柄的孔)，刃由两面磨成。《诗·周颂·臣工》："庤乃钱镈"，镈就是斧。

2. 锛（bēn）：锛既用于农业，可开垦荒地，又用于手工业，是平木的主要工具。呈长方形，带銎，单面刃，背面微凸。

3. 镢（jué）：镢是挖土和除草的农具。身呈长方形，有单斜面刃或双斜面刃，带銎，安装直角形的曲柄。

4. 耜（sì）：耜是安装曲柄的起土农具。耜头用青铜铸成，装在厚实的木板上，木板后连着一把曲柄。用法是手握耜柄，脚踏耜肩，用力刺入土中，然后手按耜柄，将土翻起。耜身为长方形，带銎。

5. 耒（lěi）：耒是用于挖窖穴和开沟渠等的掘土农具。耒头用青铜铸成，有两齿，带銎，安装木柄。

6. 锸（chā）：锸是用于开沟或做垅的农具。呈方形或椭方形，带銎。

7. 铲：用于除草的农具。呈长方形，銎为方形或椭圆形，安装短柄。

8. 鎒（nòu）：耨、槈、鎒所从偏旁不同，但都指一种除草农具。呈三角形，两翼带锯齿形刃，中间有銎，銎上有横阑和两翼相连。

9. 镰：属收割农具，一般多作弯月形。《急就篇》卷三："钩即镰也，形曲如钩，因以名之，亦谓之锲。"古书里短柄镰称为"铚"。

二、食器

1. 鼎：古代炊器，用于煮或盛肉、鱼。形状大多为圆形，三足，两耳。还有方鼎、分裆鼎等。

2. 鬲（lì）：形状似鼎，三袋足为空足。

3. 甗（yǎn）：上部为甑，中间为箅，下部为鬲。可以同时蒸、煮食物。

4. 簋（guǐ）：用以盛煮熟的黍（一年生草本植物，子实叫黍子，碾成米叫黄米，性粘，可酿酒）、稷（即谷子，也称粟）、稻、粱（古代指品种特别好的谷子）等食物。形状为圆腹、侈口，带圈足。有的无耳、有的有 2~4 个耳。簋一般与鼎相配，配法为九鼎八簋、七鼎六簋、五鼎四簋、三鼎二簋。

5. 盨（xǔ）：用以盛黍、稷、稻、粱。椭方形，口微敛。下有圈足或四足。有盖，盖上有矩形足或小兽。

6. 簠（fǔ）：为盛黍、稷、稻、粱之器。为长方形，器身、器盖上下对称，打开后为相同的两件器物。经籍上也称为"瑚"。

7. 敦：为盛黍、稷、稻、粱之器。器、盖对称，合在一起呈球形。

8. 盂：大型盛饭器，亦可为盛水器。侈口、深腹、附耳、圈足。

9. 豆：盛肉类食物。有盘，柱状柄。

三、酒器

酒器包括盛酒器、取酒器和饮酒器。

1. 爵（jué）：饮酒器，形制为圆形或方形，上有倒酒的流，后有起平衡作用的尾。器口上一般有两柱，腹部有鋬（pàn）。两柱既有实用功能，引导酒的流向，又有审美价值，与腹部鋬手形成平衡。下部有三个高尖足。

2. 角：饮酒器，角的形制与爵相似，但无流无柱，两翼均似爵尾，有盖。《礼记·礼器》："宗庙之祭，尊者举觯，卑者举角。"

3. 觯（zhì）：饮酒器，侈口、深腹微鼓、圈足。起源自商代晚期，盛行于西周时期。

4. 觚（gū）：饮酒器，上口似喇叭，长颈细腰，高圈足。觚有方、圆两形。孔子对春秋社会表示不满，感叹道："觚不觚，觚哉！觚哉！"

5. 斝（jiǎ）：温酒器，敞口，束腰，折腹，口沿上有双柱，腹部有鋬，下有三足。

6. 觥（gōng）：盛酒或饮酒器，椭圆形腹，圈足，前端作龙首状，有盖，后有鋬。《诗·周南·卷耳》："我姑酌彼兕觥，维以不永伤。"《诗·豳风·七月》："称彼兕觥，万寿无疆。""觥筹交错"一词便与此类器物有关。

7. 尊：盛酒器，尊既为酒器的共名，又是专名。侈口、高颈、折肩、圈足。另有一些酒尊铸成动物的形状，如象尊、牺尊、枭尊、驹尊等。商代前期一般口径小于肩径，短颈，有的称之为罍。商代后期一般口径大于肩径，颈变长。

8. 卣（yǒu）：盛酒器，形似壶，长颈，鼓腹，圈足，有提梁。

9. 盉(hé)：盛酒器或调和酒味之器，用水掺酒调和酒味浓度。圆口，深腹，有盖，前有流，后有鋬。有流的器物一般称为盉。

10. 方彝（yí）：盛酒器，方腹有盖，盖似屋顶形。

11. 罍（léi）：盛酒器，有圆罍和方罍。圆罍形制为鼓腹，圈足，下有两耳。方罍形制为宽肩，肩上有两耳，有盖。《诗·周南·卷耳》载："我姑酌彼金罍，维以不永怀。"

12. 壶：盛酒器，亦为盛水器，长颈，鼓腹，圈足。壶有圆形、方形、扁形、瓠形等。

四、水器

1. 盘：盛水器。直沿，平底，圈足，无耳或双耳。《礼记·内则》："进盥，少者奉盘，长者奉水，请沃盥，盥卒，授巾。"

2. 匜（yí）：注水器。形制似瓢，有四足、三足或无足，后有鋬。

3. 鉴：盛水器，亦可盛冰，可沐浴，还可装水来照容。《庄子·则阳》："（卫）灵公有妻三人，同滥（鉴）而浴。"《周礼·凌人》："祭祀共冰鉴。"大口，深腹，两耳或四耳。

4. 瓿（bù）：盛水或盛酒器，也用以装酱。敛口，鼓腹，圈足。

5. 缶（fǒu）：盛水或盛酒器。长颈，鼓腹，有盖，腹部有四环耳。

五、乐器

1. 铙（náo）：打击乐器。体似铃而稍大，口部呈凹弧形，有中空的短柄可以安柄。使用时，口向上。现在发现有的铙很大，如湖南省发现的兽面纹铙重 154 千克，只能插在铙座上打击。《周礼·地官·鼓人》："以金铙止鼓。"《说文》："铙，小钲也。军法，卒长执铙。"铙是退军时用以指示停止击鼓的。

2. 钲（zhēng）：形似铙而大，使用时口向上。可能起和声以及指挥其他乐器的作用。钲主要盛行于春秋时代的徐、楚诸国。《国语·吴语》："（吴）王乃秉枹，亲就鸣钟、鼓、丁宁、錞于、振铎。"韦昭注："丁宁，谓钲也。"

3. 钟：共鸣箱为扁体，像两块瓦合在一起，上部有柄，用以悬挂，使用时口向上。钟的各部位名称是：共鸣箱的平顶称为"舞"，中部称为"钲"，两侧突出的 36 个乳钉称为"枚"，枚间为"篆"，枚和钲以下部分为"鼓"，鼓的中间为"遂"，弯曲的下口为"于"，两端尖锐部分为"铣"。柄称为"甬"，柄顶部称为"衡"，柄中部突出的部分称为"旋"，旋上用于挂钟钩的环称为"干"。

钟又分为甬钟、钮钟和镈（bó）钟。甬部有旋的钟，只能侧挂，称为甬钟；能垂直悬挂的钟称为钮钟，钟一般大小相次成组悬挂，称为编钟，曾侯乙墓编钟是目前发现的最大的编钟；镈（bó）钟为平口，体形大，单独悬挂，打击时只发一个音，与钟、磬相和，如楚惠王熊章送给曾侯乙的镈钟。

4. 铎（duó）：《说文》："铎，大铃也。"用于军旅和田猎。《周礼·夏官·大司马》："群司马振铎，车徒皆作。"

5. 句鑃（gōu diào）：打击乐器。似铙而狭长，使用时口向上，以槌敲击。

6. 錞（chún）于：打击乐器。《周礼·地官·鼓人》："以金錞和鼓。"郑玄注："錞，錞于也。圆如碓头，大上小下，乐作鸣之，与鼓相和。"錞于多用于军阵。后来巴人铸造的虎钮錞于颇具民族特色。

7. 铃：是我国出现最早的青铜乐器。

8. 鼓：中原地区青铜鼓少见。西南地区少数民族流行铜鼓，从春秋战国一直到明清，延续时间很长。

六、兵器

1. 戈：古代勾兵。戈的各部位都有专名。刃部为"援"，前端为"锋"，转折的弧线部分为"胡"，戈的尾部榫头为"内"，内援之间的孔为"穿"，内援之间的突起部分为"阑"，戈柄称为"柲"，柲顶端金属装饰称为"鐏"。

2. 矛：刺兵。前部为“前锋”，后部为“骹”。

3. 戟：为勾兵戈与刺兵矛的合体。藁城台西商代已经发现了戈矛合体的戟。

4. 矢镞：用弓弦弹发的远射兵器，即箭头。

5. 钺（yuè）：形似大斧头。钺是握有军权的象征，用于征伐、行刑和仪仗。《尚书·牧誓》：“王左杖黄钺，右秉白旄以麾。”西周宣王时的虢季子白盘铭文：“赐用钺，用征蛮方。”

6. 殳（shū）：曾侯乙墓出土的殳有铭文，自名为殳。前端似矛，呈三棱形。后部和柄上各有一个带刺的铜箍。

7. 胄（zhòu）：俗称“头盔”，汉代称为“兜鍪”。打仗时用于保护头部。形状似帽。

8. 弩（nù）机：弩是远射的武器。杀伤力很强。弩机是弩的部件，装在弩的臂末。从目前来看，春秋晚期楚国最早发明弩机。春秋战国时期的弩机均无“郭”，有勾弦用的“牙”，瞄准用的“望山”，扳机用的“悬刀”。两汉、魏、晋时期盛行的弩机均有“郭”。

9. 剑：短兵器，可刺可杀。剑由剑身和剑把组成。各部位的名称是：前端为“锋”，中间突起部分为“脊”，两侧边沿为“刃”，脊两旁为“从”（锷），剑把为“茎”，剑把与剑身之间突起部分为“格”（又称为“镡”），茎末端为“首”，首与格之间突起部分为“箍”。剑茎上缠有绳子。

10. 匕首：属短剑，为近身刺杀的兵器。

七、车马器

1. 害（wèi）、辖：车害套在车轴两端，用以加固轴头，形状为长筒形，一端大，一端小，小的一端封口，大的一端空着插入车轴。辖为长条形，插入车害和车轴上的方孔，使害加固，不致脱落。

2. 衔、镳（biāo）：衔又称“勒”，俗称“马嚼子”，是横在马嘴里以便驾驭的器具，由两节链条组成。镳施在马口角的两颊上，以便御手控马，形制有圆形、方形和长条形三种。

3. 毂（gǔ）：安在车轮外侧的轴上，可以控制车轮的方向。

4. 轭（è）：呈人字形，一首两脚，首系于车衡上，脚架于马颈上，以便挽车。

5. 銮(luán)铃：多插在车衡或车轭上，车行则铃响。

6. 当卢：马面额上的装饰。

7. 马冠饰：系在马额上的装饰，为兽面形。

八、度量衡器

度指长度，量指容量，衡就是称重量。

1. 尺：目前最早的铜尺标本属战国时期，如洛阳金村出土的铜尺实测尺长为 23.1 厘米。

2. 量：古代测量容量的器物。1857 年在山东胶县灵山卫古城同时出土了齐国的三件量器：子禾子釜、陈纯釜和左关(锕)。时代属战国时期。子禾子釜形为双耳罐，圆口，鼓腹，平底，腹部有双耳，高38.5厘米、口径22.3厘米、腹径31.8厘米，实测容量20460毫升；陈纯釜亦为双耳罐形，实测容量为20580毫升；左关（锕）为半球形，口部有流，实测容量为2070毫升。齐国量制单位为升、豆、区、釜、钟。1976年安徽凤台出土了战国时期楚国的郢大府铜量。秦国有著名的商鞅方升，是秦孝公十八年（公元前344年）商鞅变法时颁布的标准量器，该器作长方形，有柄，通长18.7厘米，口径长12.35厘米，宽6.8厘米，高2.32厘米，实测容量201毫升。新嘉量是王莽始建国元年（公元9年）颁布的标准量器，有斛、斗、升、合、龠五种单位，经实测并根据各部分铭刻计算，一斛近20000毫升，一斗为2000毫升，一升为200毫升，一合为20毫升，一龠为10毫升。1956年,河南陕县出土的王莽始建国铜撮，表明龠下的容量单位为撮,五撮为一龠,一撮则为2毫升。

3. 权：古代测定重量的器物，相当于后代的砝码和秤砣。秦国的铜权作馒头形。楚国的铜权作环形，一般由10个组成一套，在天平上使用。1954年湖南长沙左家公山15号墓出土了木衡、铜盘、10个环形铜权，是一套完整的权衡器物。

九、玺印符节

1. 玺印：官私书信往来和相互交往的凭证。《释名》曰：“玺，徙也，封物使可传徙而不可发也。印，信也，所以封物为信验也。亦言因也，封物相因付也。”玺印开始流行于战国时期，玺印不分，官私印均可称“玺”，写作“鉨”。秦始皇规定只有皇帝印称为“玺”，一般人称为“印”。汉代除皇帝外，太后、皇后、诸侯王的印也可称为“玺”，一般人的印称为“章”和“印信”。唐代以后称印为“记”或“朱记”，明、清时期又称为“关防”。古印多有钮，可以系绶。印钮有鼻钮、龟钮、蛇钮、驼钮、桥钮、虎豹钮等。印文有阳文（朱文）和阴文（白文）。字体随时代发展而变化，战国时期印用古文；秦印用秦篆；汉印一般用篆书，个别私印用缪篆和鸟虫书；魏晋南北朝有所谓“悬针篆书”，即直笔之末端尖细如针；宋代用屈曲篆书；元明清时期屈曲更甚，俗称为“九叠篆”。

2. 符：符是传达命令或调兵遣将的凭证。一符剖分为两半，分存两方，使用时两半相合，称为“符合”，表示命令验证可信。战国、秦、汉时期符一般呈虎形，世称“虎符”。现在发现的有战国时期秦国的杜虎符、新郪虎符以及秦统一后的阳陵虎符。

3. 节：节是通行的凭证。如鄂君启节，该节是楚怀王六年（公元前323年）发给鄂君启经商的通行凭证。1957年在安徽寿县发现4件，1960年又发现1件，其中有舟节2件、车节3件，合在一起则呈圆筒状。节上有错金铭文，规定了水陆通行的路线、车船数量等，水、陆两线的出发点都是鄂，车节所行路线涉及湖北、湖南、安徽、河南等地，舟节所行路线涉及湖北、湖南、江西等地。

十、货币

1959年，山西侯马晋国古城遗址出土的、春秋时期的大型耸肩尖足空首布，是我国目前发现的最早的金属铸币。东周时期列国的青铜铸币有布币、刀币、贝钱、圜钱等。布币主要流通于三晋和东周，齐、楚、三晋邻近地区也有铸造。刀币流行于齐、燕。贝钱流行于楚国，楚国还流行黄金货币。圜钱产生于战国中期，主要是秦国使用，三晋、周、齐、燕也有铸造。秦始皇统一六国后，秦半两作为法定货币流通。一直到清末，一般通行圜钱。

十一、铜镜

铜镜为古代照面的工具，一般呈圆形，正面磨光，背面有钮和纹饰。齐家文化铜镜是目前发现的最早的铜镜标本，距今 4000 多年。商代到春秋时期铜镜少，战国中期铜镜盛行起来，根据目前的考古发现，长沙地区这一时期出土的铜镜最多，且制作精巧，镜背面无铭文，花纹多见山字纹、龙凤纹、花叶纹、菱形纹、连弧纹、卷云纹等。汉、唐时期，铜镜制造业发达，器形厚重，花纹精美。宋代流行菱花镜，纹饰以缠枝、花草、牡丹为主。南宋时期湖州是制镜中心。清乾隆以后，铜镜逐渐被玻璃镜代替。

十二、杂器

杂器包括带钩、洗、耳杯、禁、俎、酒樽、博山炉、灯、燎炉、炭箕、熨斗、鐎斗等。

第三节　青铜器纹饰

马承源先生主编的《中国青铜器》一书，将青铜器纹饰分为动物纹、几何形纹、人物活动图案等几类。现摘要如下：

一、动物纹

（一）兽面纹（饕餮纹）

兽面纹原来称为饕餮纹。《吕氏春秋·先识览》：“周鼎着饕餮，有首无身，食人未咽，害及其身，以言报更也。”宋代人根据这段文字，称各种兽面纹为饕餮纹。《左传·文公十八年》也记载了饕餮：“缙云氏有不才子，贪于饮食，冒于货贿，侵欲崇侈，不可盈厌，聚敛积实，不知纪极。不分孤寡，不恤穷匮。天下之民，以比三凶，谓之饕餮。”兽面纹的称呼较为允当。兽面纹的特点是以鼻梁为中线，两侧作对称排列，一般有角、目、眉、耳、爪、躯体、兽尾等。

商代早期的兽面纹简单，商代中期突出目纹，商代晚期和西周早期盛行兽面纹。

（二）龙纹（一足龙纹过去称为夔纹）

1. 爬行龙纹：盛行于商代中晚期和西周早期。长凤冠龙纹出现于西周早期，盛行于西周中期。
2. 卷体龙纹：盛行于商末周初。

3. 交体龙纹：过去有人称比较粗壮的交体龙纹为蟠螭纹，称细小的交体龙纹为蟠蛇纹。盛行于春秋战国之际。

4. 双体龙纹：盛行于商代晚期到西周中期。

5. 两头龙纹：简单的独体两头龙纹，大多见于西周中晚期。缠绕式的两头龙纹盛行于春秋中晚期。

（三）凤鸟纹

鸟纹最早见于新石器时代，如上海福泉山良渚文化玉琮上就刻有鸟纹。商末以前少见。商末周初至西周中期，凤鸟纹盛行。

1. 多齿冠凤纹：盛行于商末周初。

2. 长冠凤纹：盛行于商代晚期到西周晚期。

3. 花冠凤纹：盛行于西周时期。

4. 弯角鸟纹、长颈鹿角鸟纹、尖角鸟纹：盛行于商末周初。

5. 长喙鸟纹：盛行于西周中期。

6. 鸾鸟纹：盛行于西周中、晚期。

7. 鸱枭纹：盛行于商代中、晚期。

（四）其他动物纹

1. 虎纹：安徽阜阳出土一龙虎尊，肩部有一虎，虎口中咬一怪人。安阳妇好墓出土的青铜钺上有两虎共食一人头的纹饰。司母戊鼎的耳部，两侧为对称的虎，中间为一人头。以上几件器物属殷墟二期。日本住友氏和巴黎西弩奇博物馆藏有一对乳虎食人卣。

2. 牛纹：带牛角的兽面纹较常见，整体牛纹少见，有的酒尊也铸成牛形。

3. 鹿纹：安阳殷墟1004号墓出土的鹿方鼎，腹部饰鹿角兽面纹。西周早期貉子卣饰有鹿纹。春秋晚期和战国青铜器上有少量鹿纹。

4. 兔纹：少见。洛阳北瑶出土西周兔纹觯，颈部饰兔纹一周。

5. 象纹：盛行于商代晚期和西周早期。

6. 蜗身兽纹：盛行于西周早期。

7. 蛇纹：出现于商代中晚期，西周基本不见，盛行于春秋战国时期。

8. 龟纹：最早见于二里冈时期兽面纹罍的颈部，在商末周初的盘心内有龟纹作装饰，春秋晚期的龟龙纹盘，侧面有形象的龟纹作为图案。龟的主体形象在西汉时代已开始出现，而作为四灵（青龙、白虎、朱雀、玄武）之一的龟，则是汉代以后的事了。

9. 蟾蜍纹：盛行于商和西周时期。

10. 鱼纹：在商、周时期不多见，春秋早期郑伯盘内有一周鱼纹，春秋晚期龟鱼盘龙纹盘上也有鱼纹。盛行于西汉时期。

11. 蝉纹：盛行于商末周初。

12. 长鼻兽纹：盛行于春秋早期。

13. 兽目交连纹（又称穷曲纹或窃曲纹）：是两兽的某一部分相互连接，交接处为一目。盛行于西周中晚期和春秋时期。

二、几何纹

1. 弦纹：纹形为凸起的横线。有时独立出现，有时作为其他纹饰的界栏。

2. 云雷纹：云雷纹是以连续的回旋形线条构成的几何形图形，线条作圆形的连续构图称为云纹，方形的连续构图称为雷纹。商代早期已用连续带状云雷纹作为主纹。商中期有的用云雷纹构成兽面纹，商晚期和西周早期常用云雷纹衬底。春秋战国之际，兽面纹和龙纹上有各种云雷纹的变形图案。战国时期，云雷纹演变为线条活泼的流云纹。

3. 乳丁纹：纹形为凸起的乳突。有的排成单行，有的排成方阵，有的填在斜方格中。填在斜方格中的叫斜方格乳丁纹，盛行于商中晚期和西周早期。

4. 曲折雷纹：也称波形雷纹。雷纹的主体呈上下曲折状，时代为西周早期。

5. 钩连雷纹：雷纹似山字状，相互钩连。最早见于商代中期，盛行于商末周初。春秋战国时期盛行富丽的钩连雷纹。

6. 连珠纹：用小圆圈呈圆周状排列，流行于商早中期。

7. 圆涡纹：又称涡纹、火纹、囧纹，近似水涡。有人依据《周礼·考工记》“火以圜”的记载，认为火纹象征太阳。从二里头文化时期至战国时期，圆涡纹一直延续使用。

8. 绹纹：又叫绳纹。纹形为绳索绞结状，流行于春秋战国之际。

9. 波曲纹：又叫环带纹、波浪纹。花纹带呈波浪状，在弯曲处填以眉形或口形纹样，流行于西周中晚期到春秋早期。

10. 鳞纹：形似鱼鳞，又叫鱼鳞纹。盛行于西周中晚期。

11. 重环纹：环纹为长方形，一端为半圆形，一端内凹出角，环有一重、二重和三重三种形式。盛行于西周中晚期。

三、人面及人物活动纹

1. 人面纹：湖南发现一件人面纹方鼎，上有“大禾”铭文。前举虎与人面像的组合中，有人面图案。

2. 人物活动图案：反映当时的宴乐、狩猎、攻战、采桑等活动，时代为战国时期。

第十章　夏商时期青铜器

第一节　夏代（二里头文化）青铜器

一、二里头文化的青铜器特征

夏代（二里头文化）已属青铜时代，从已出土的一定数量的青铜器来看，器物可分为工具、武器和礼器等，工具有小刀、小钻、锛、凿；武器有戈、镞、戚；酒器有爵、斝、盉、鼎、觚；乐器有铃，这是最早的青铜乐器；装饰品有铜牌饰。这一时期铜器的总体特征是一般素面无纹，有纹饰的器物很少，器体单薄，器类简单，这表明二里头文化属青铜时代初期的文化。二里头文化的铜器为商代青铜器的铸造奠定了基础。

二、青铜器举例

1．铜鼎

鼎为折沿，沿上立二环耳，盆形深腹，平底，下有三个空心四棱锥足，腹部饰网格状纹（图 268）。迁鼎是政权更替的象征。《左传·宣公三年》中说："楚子伐陆浑之戎，遂至于洛，观兵于周疆。定王使王孙满劳楚子，楚子问鼎之大小轻重焉。对曰：'在德不在鼎。昔夏之方有德也，远方图物，贡金九牧，铸鼎像物，百物而为之备，使民知神奸。故民入川泽山林，不逢不若，魑魅魍魉，莫能逢之，用能协于上下，以承天休。桀有昏德，鼎迁于商，载祀六百。商纣暴虐，鼎迁于周。德之休明，虽小重也，其奸回昏乱，虽大轻也。天祚明德，有所底止。成王定鼎于郏鄏，卜世三十，卜年七百，天所命也。周德虽衰，天命未改，鼎之轻重，未可问也。'"

图 268　铜鼎

《墨子·耕柱》："昔者夏后开，使蜚廉折金于山川，而陶铸之于昆吾，是使翁难雉乙卜于白若之龟，曰：'鼎成三足而方，不炊而自烹，不举而自臧（藏），不迁而自行，以祭于昆吾之虚，上乡（尚飨）。'乙又言兆之由，曰：'飨矣。逢逢白云，一南一北，一西一东。'九鼎既成，迁于三国。夏后氏失之，殷人受之。殷人失之，周人受之。"

《左传·桓公二年》："武王克商，迁九鼎于雒邑，义士犹或非之。"

二里头文化、郑州商城、安阳殷墟均已发现铜鼎，此说当不为空穴来风。

2．铜爵

铜爵为素面，器体单薄，束腰，平底，细三足，流和尾都较长，且相互照应，以达到平衡的效果，有的流折处有两个立柱（图269）。《说文解字》："爵，雀也。"这说明爵这种器物是仿照雀的形状制成的。夏商时期墓葬随葬品中觚、爵、斝都是成套出土的，套数的多少代表了墓主人身份的高低，后来这种酒器爵就抽象成为身份等级的象征，如我们现在还有"爵位"、"封官晋爵"等说法。

3．铜斝

斝为素面，敞口，口沿上有两个三角形立柱，束腰，下腹起折棱，三棱形足。斝和爵上的立柱既有实用功能，倒酒的时候不至于外溢，又有装饰功能，使器物显得美观（图270、图271）。

4．铜盉

盉有流，体矮胖，三袋足（图272）。

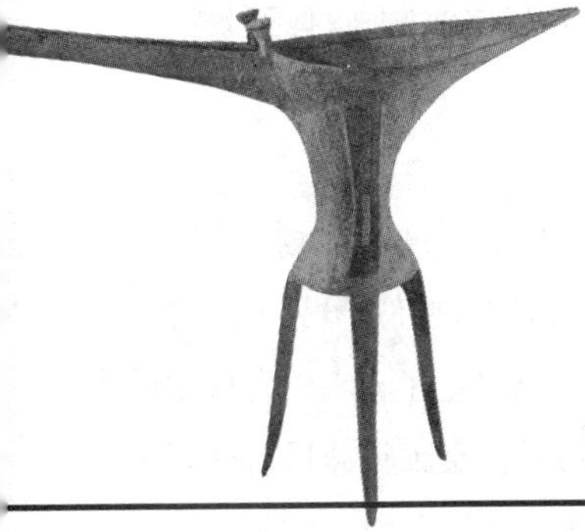

图269　铜爵

图270　铜斝

图271　铜斝

图272　铜盉

5．兽面铜牌饰

铜牌饰上镶嵌绿松石，镶成狰狞的兽面纹（图273、图274）。现已在二里头文化墓葬中发掘出土4件，另在甘肃天水采集1件，四川三星堆文化中出土变体铜牌饰4件，海外文物市场发现若干件，共计十余件。兽面铜牌饰是二里头文化的典型铜器之一，时代早，序列清楚。三星堆出土的铜牌饰与二里头铜牌饰相似，但区别也很明显，纹饰具地方特色，可能是一种仿制品。这几件铜牌饰表明三星堆文化很早就与二里头文化存在着交流关系。

图273　兽面铜牌饰

图274　兽面铜牌饰

（图268~图274　夏代二里头文化的青铜器）

第二节　商代青铜器

一、商前期的青铜器

商前期青铜器与夏代相比，有了较大进步，器类增多，器体变大，铸造技术进步，装饰花纹虽简单，但已较普遍。商前期青铜器主要出土于郑州商城，其他地区如湖北黄陂盘龙城、陕西城固等地也出土了相当多的商前期青铜器。

（一）郑州商城出土的青铜器

1955年秋，考古工作者发现郑州商城，后经勘探发掘证实，这是一座商早期的都城，也是商代最大的一座城市。城墙有内外两重，内城为长方形，周长约6960米，宫殿基址位于城内东北部。外郭城城墙仅发现了南部的一部分，就有3425米。两重城墙的建制很早就产生了，考古发现史前古城就已经出现了内外城结构，如江苏连云港市的藤花落龙山文化古城址。文献记载也有线索可寻，如《初学纪》卷二四引《吴越春秋》："鲧筑城以卫君，造郭以守民，此城郭之始也。"

1974年—1996年，考古工作者先后在张寨南街的杜岭、城东路南段的向阳回民食品厂和南顺城街发现了三处青铜器窖藏，共出土28件青铜器，年代属于二里冈上层。器物体量大，制作精美，属于商朝王室重器。关于三处窖藏的性质，学术界还有争论，部分学者认为这是3处祭祀坑，是当时人们祭祀后埋藏的；另有学者认为是当时出现重大政治事变以后，王室仓皇出逃，无法带走这些器物而仓促掩埋于此的。

一个偶然机会，考古工作者发现了商朝王室重器，从南顺城街窖藏出土时的照片中可以看到，在幽深的洞穴里整齐地摆放着大量青铜器，大小相套。这些铜器取出后，考古人员为它们照了一张“集体合影”，方鼎有大小相次的4件，这可能就是最早的“列鼎”。西周至战国时期，贵族祭祀时鼎、簋相配，鼎用奇数，簋用偶数，如九鼎八簋、七鼎六簋、五鼎四簋等，鼎大小相次排列，即所谓“列鼎”。追根溯源，这4件方鼎也是大小相次，可能商朝早期就有了列鼎制度。另外还出土了爵、斝、盂、钺、戈等器物（图275、图276）。

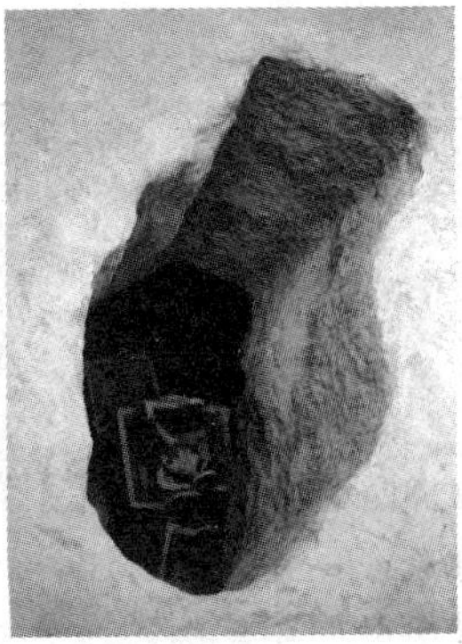

图275　南顺城街H1发掘现场

图276　南顺城街H1出土的器物

图277　南顺城街H1出土的方鼎

1. 方鼎：器形为立耳，方腹，柱足，腹部纹饰有两种组合方式，一种仅装饰乳钉纹，乳钉纹就像古代城门上的纹饰；另一种装饰乳钉纹和兽面纹（图277~图280）。从目前考古发现来看，大型方鼎的规格都很高，铜器主人一般都是王室贵族，殷墟的发现也证实了这一结论。

二里冈上层时期，不仅有方鼎，还有圆鼎。一种为扁足圆鼎，立耳，盆形腹，夔龙形扁足，腹部主题纹饰为云雷纹，镶

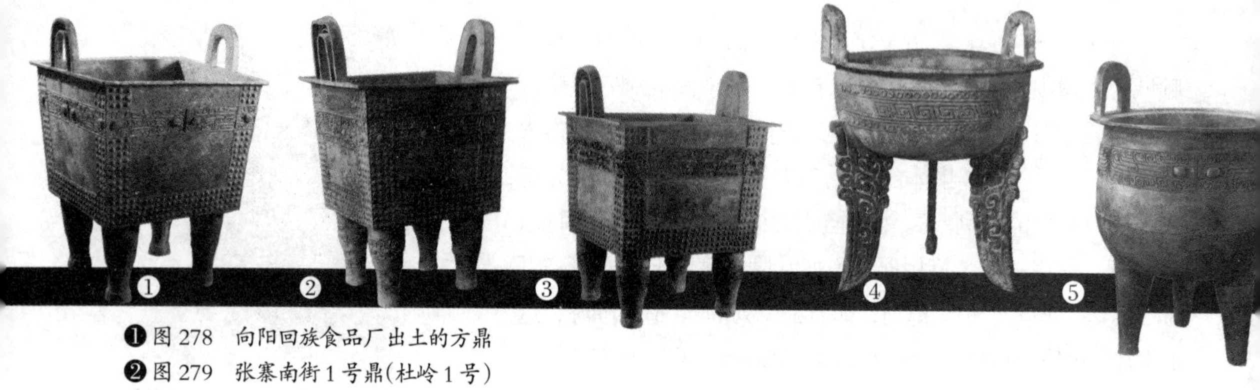

❶图 278 向阳回族食品厂出土的方鼎
❷图 279 张寨南街 1 号鼎(杜岭 1 号)
❸图 280 张寨南街 2 号鼎(杜岭 2 号)
❹图 281 向阳回族食品厂出土的扁足圆鼎
❺图 282 向阳回族食品厂出土的柱足圆鼎

以连珠纹（图 281）。连珠纹是二里冈上层时期铜器的特有装饰风格。另一种为柱足圆鼎，立耳，深腹盆形腹，柱足，装饰兽面纹（图 282）。

2. 斝：口沿上有两根伞帽形立柱，比较精致，腹部转折，饰兽面纹（图 283、图 284）。

3. 爵：长流尾部有两根菌状立柱，短尾，深腹矮足，腹部饰兽面纹，以连珠纹镶边（图 285）。

4. 觚：敞口，束腰，圈足，腹部饰兽面纹，镶以连珠纹。圈足上部有十字形镂孔，这是铸造器物时为了支撑底范，安装插楔而留下的，铸造完毕，十字形镂孔比较美观，具有装饰功能。凡是带圈足的器物，圈足上部近底处都有镂孔（图 286）。

5. 罍：盛酒器。口径小于肩径，颈部较短，圆腹，圈足上有圆形镂孔。肩部有兽头，兽头之间及腹部饰兽面纹，肩下部饰云纹（图 287）。

6. 尊：盛酒器。口径大于肩径，颈

❻图 283 南顺城街 H1 出土的铜斝
❼图 284 南顺城街 H1 出土的铜斝
❽图 285 南顺城街 H1 出土的铜爵
❾图 286 向阳回族食品厂出土的铜觚
❿图 287 向阳回族食品厂出土的铜罍

❶ 图 288　向阳回族食品厂出土的铜尊
❷ 图 289　向阳回族食品厂出土的铜卣
❸ 图 290　向阳回族食品厂出土的铜盂

（图 275~ 图 290　郑州商城窖藏出土的青铜器）

部变长，肩部有兽头，圈足上有十字形镂孔。肩部饰云雷纹，镶以连珠纹，腹部饰兽面纹，以连珠纹镶边（图 288）。金文“尊”字就像是一个人双手捧着个酒坛子，三星堆祭祀坑出土的青铜顶尊人像，就是巫师跪在祭坛上，双手顶着酒尊，非常虔诚地把美酒奉献给神的模样。

7. 卣：盛酒器。带盖，兽首提梁，盖与提梁之间以环相连，深腹，圈足。颈部饰云雷纹，腹部饰兽面纹。圈足上有镂孔，饰云雷纹，镶以连珠纹（图 289）。西周金文中有国王赏赐美酒的记载，如“秬鬯一卣”，“卣”也是一个象形字。

8. 盂：水器。器物中部有一立柱，上有一圆盘，饰云纹（图 290）。这个圆盘就像是一片莲叶，盛水以后，莲叶浮在水面上，赏心悦目。殷墟也出土了一件盂，器物中部也是一朵莲花，盛水以后，莲花亭亭玉立。

商前期的青铜器较二里头文化时期有了较大发展。器物铸造技术显著提高。器物变得厚重了，如张寨南街杜岭出土的两件大方鼎分别重达 86.4 千克和 64.25 千克。器物种类也增加了，青铜礼器成套出土，普遍装饰单层花纹。

（二）湖北盘龙城出土的青铜器

湖北盘龙城是商朝建立的军事据点。盘龙城遗址出土了大批铜器，年代属于二里冈上层时期。与郑州商城出土的铜器相似，器物种类有礼器、武器、工具等，礼器包括鼎、鬲、甗、簋、卣、斝、觚、爵、罍、盉、盘；武器有戈、矛、钺、刀、镞；工具有锸、斨、斧、锛、凿等；贵族墓葬铜礼器组合为觚、爵、鼎、斝。在盘龙城李家嘴等地发现了一批商前期墓葬，以李家嘴 2 号墓出土的青铜器数量最多。该墓口长 3.67 米、宽 3.24 米、深 1.41 米。墓内出土青铜器多达 63 件，其中容器 23 件，有鼎 4、鬲 1、甗 1、簋 1、圈足盘 1、小盘 5、罍 1、盉 1、觚 1、爵 4、斝 3。这是目前发现的二里冈上层时期的最大墓葬。李家嘴 2 号墓出土铜钺 2 件（图 291），说明墓

图 291　铜钺（盘龙城李家嘴 2 号墓出土）

主人生前是一位驻扎在盘龙城的军事首领。

李家嘴2号墓中有1件锥足圆鼎高55厘米，是目前发现的同类鼎中最大的一件（图292）。李家嘴1、2号墓和杨家湾11号墓出土的3件铜簋（图293~图295），年代上略有早晚之别。簋开始无耳，后来有双耳，在郑州等地还没有出土二里冈上层时期的这类器物。当然这并不是说郑州就永远不会出土这种器物，毕竟考古发掘具有很大的偶然性。

鬲有三个大袋足，袋足在古代称之为款足，鬲形似鼎（图296）。鬲是做饭的炊器，鼎是炖肉的工具。甗是蒸、煮功能合一的炊器，下部为鬲，上部为甑（图297）。

盉是温水器，体矮胖，三袋足，右有鋬手，左上方有冲天流（图297）。盘龙城商代前期墓葬还出土了中原流行的觚、爵、斝成套酒器（图299~图301）。

盘龙城出土的青铜器是典型的商文化铜器。

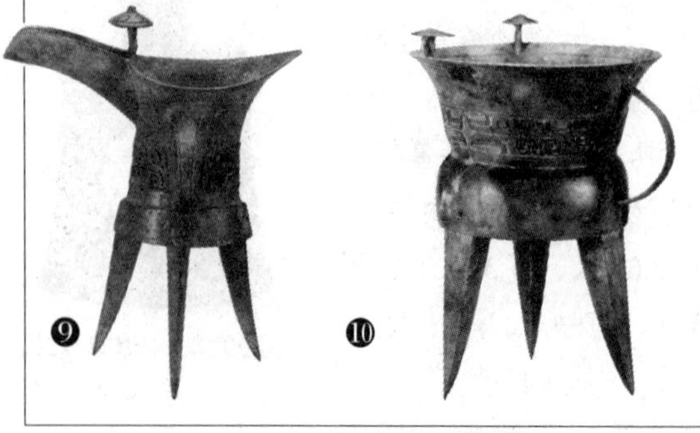

❶图292　铜鼎(盘龙城李家嘴2号墓出土)
❷图293　铜簋(盘龙城李家嘴2号墓出土)
❸图294　铜簋(盘龙城李家嘴1号墓出土)
❹图295　铜簋(盘龙城杨家湾11号墓出土)
❺图296　铜鬲(盘龙城李家嘴2号墓出土)
❻图297　铜甗(盘龙城李家嘴2号墓出土)
❼图298　铜盉(盘龙城李家嘴2号墓出土)
❽图299　铜觚(盘龙城李家嘴1号墓出土)
❾图300　铜爵(盘龙城李家嘴1号墓出土)
❿图301　铜斝(盘龙城李家嘴2号墓出土)

（图291~图301　湖北盘龙城出土的青铜器）

二、商后期的青铜器

商后期的青铜器主要出土于河南安阳殷墟。殷作为都城共273年，青铜器前后的风格有明显的变化。分期有两种说法，一说分为早、中、晚三期，一说分四期。分四期者认为铜器与陶器分期一致，分三期者认为青铜器有其自身的变化节奏。郭沫若将殷商后期和西周早期称为青铜器的“勃古期”。

（一）第一期

早段以小屯M232为代表，晚段以M331、武官M1为代表。这一时期器物总体特征与二里冈上层二期接近。1999年发现的洹北商城即属于此期。过去有个问题令人百思不得其解，那就是怎么在小屯宫殿区发掘出了殷墟早期墓葬的呢，洹北商城发现以后这个问题才得其解。原来洹北商城时期小屯一带还是墓地，洹北商城因火灾烧毁以后，才把宫殿区转移到小屯，因此在小屯挖到了M232、M331等墓葬。

早段所见的鼎为锥足圆鼎。罍口径小于肩径。觚有高矮两种。爵、斝底部为圜底。瓿为折沿，短颈，圆腹，圈足，腹部饰兽面纹，应为装液体的容器。另外还有盘、卣等器物。该段纹饰以单层兽面纹为主，少见复层花纹，花纹特征接近二里冈上层晚期的风格（图302）。

晚段鼎有锥足鼎、柱足鼎两种。尊的颈部变长，口径大于肩径，圈足，肩部有兽头。爵底为卵形底。新出现了一种浅腹圜底斝，口下饰三角纹和云纹带。提梁卣体呈方形，龙首提梁，带盖，长颈，矮圈足，早段不见。该段花纹流行由细密线条组成的兽面纹，多见云雷纹衬底的复层花纹（图303、图304）。

出土于安徽阜南月儿河的龙虎尊，肩部有龙头，腹部饰老虎衔人的画面（图305）。该主题学术界有两种截然不同的看法，一种观点以张光直先生为代表，

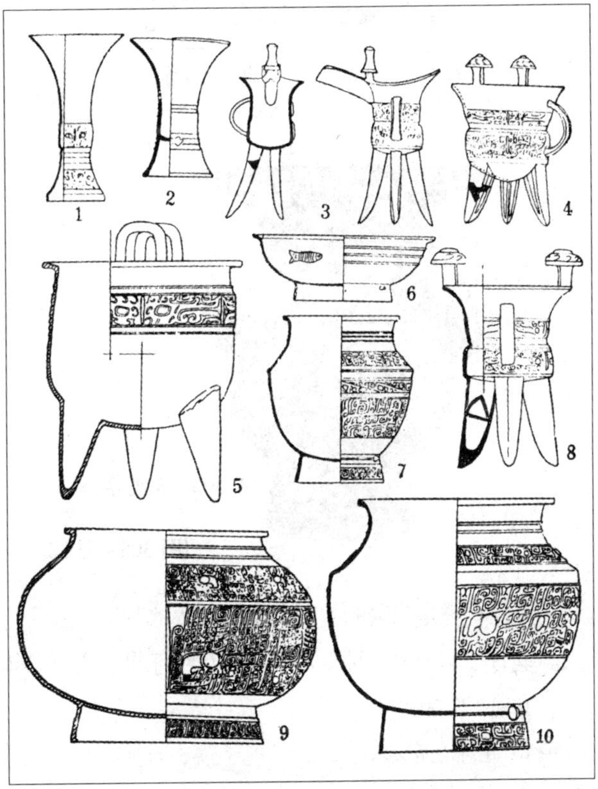

图302 小屯YM232等出土的青铜器

1.觚 2.觚 3.爵 4.斝 5.鼎 6.盘 7.尊 8.斝 9.瓿 10.尊

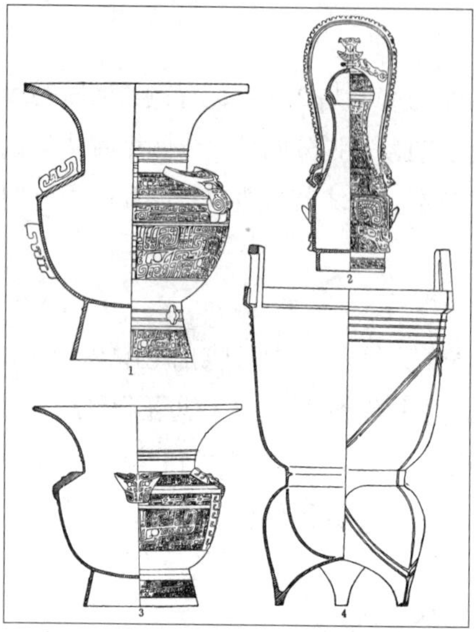

图 303　小屯 YM331 出土的青铜器
1. 尊　2. 方卣　3. 尊　4. 甗

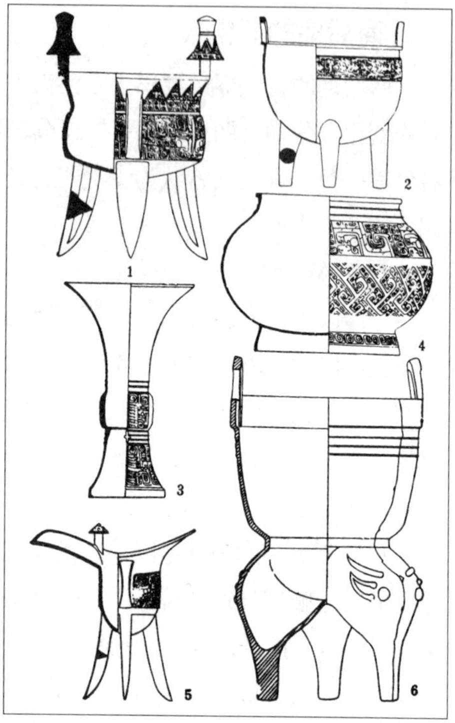

图 304　武官 M1 出土的青铜器
1. 斝　2. 鼎　3. 觚
4. 瓿　5. 爵　6. 甗

图 305　龙虎尊

(图 302~ 图 305　殷墟一期青铜器)

认为人与老虎是亲善的关系，老虎是人的帮手，是巫师升天的助手；另一种认为表达的就是老虎吃人。笔者倾向于前一种观点。这种花纹还见于妇好墓铜钺、司母戊方鼎、三星堆龙虎尊等器物。

（二）第二期

该期铜器器类增多，新出现了簋、方彝、觯、三连甗、觥、方尊、鸮尊等。该期出土了大型方鼎，如司母戊鼎重 875 千克。锥足圆鼎基本消失，柱足圆鼎占多数，还有少数鸟足圆鼎。流行三层花纹和通体花纹。所谓三层花纹是指有地纹、主纹以及主纹表面铸出的阴线花纹，铜器铭文一般为两三个字。

1. 方尊：在妇好墓中出土三件，三、四期少见。体呈方形，肩部有兽头，每一侧面中部有一扉棱，以扉棱为对称线布置花纹，方体四棱各有一条扉棱（图306）。

2. 觥：仿照某种动物制成的一种饮酒器或盛酒器。椭圆形腹，圈足，前端作龙首状，有盖，后有鋬。《诗·周南·卷耳》：“我姑酌彼兕觥，维以不永伤。”《诗·豳风·七月》：“称彼兕觥，万寿无疆。”兕觥就是一种仿照犀牛形状所做的觥（图307）。

3. 觚：多见细高体觚，口下饰蕉叶纹，腹、足多有扉棱，有的在腹中部以下、足部饰四条扉棱，有的扉棱分为三段，从足直至口下，造型美观，工艺精致（图308、图309）。

4. 斝：有方斝和圆斝两种。方斝中有一件为长方形口，短边有对称的柱，束颈，鼓腹，圜底，兽头鋬，四足较短，显得又矮又胖（图310）。圆斝，侈口，伞形柱，腹分两段，平底，兽头鋬，高足，显得匀称稳重（图311）。

5. 爵：有平底和圜底两种。圜底爵，侈口，伞形柱，鼓腹圜底，兽头鋬，三足较高（图312）。

6. 三连甗：仅见于妇好墓，灶台上放置三个甑，每个甑带有双耳（图313）。

图306　妇好墓方尊

图307　妇好墓铜觥

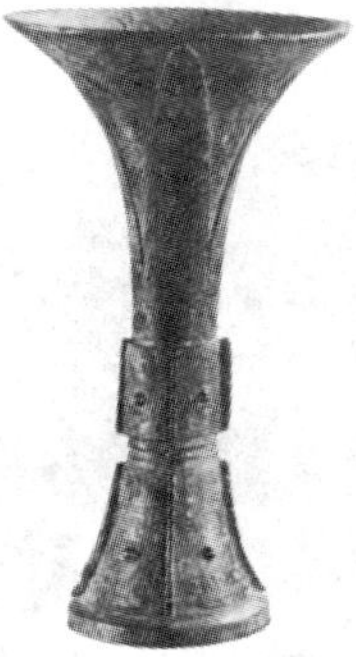
图308　妇好墓铜觚

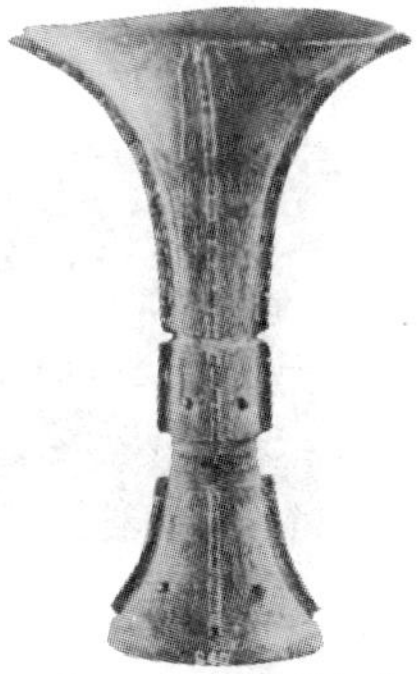
图309　妇好墓铜觚

图310　妇好墓铜斝

图311　妇好墓铜斝

图312　妇好墓铜爵

7. 鸮尊：在妇好墓中出土两件，是仿照鸮的形状制作的一件盛酒器。鸮呈站立姿势，昂首挺胸，双足与尾着地，头后为器口。该器表现翅膀的纹饰惟妙惟肖（图 314）。

8. 铜钺：在妇好墓中出土 4 件，一对大型钺，一对中型钺。两件大型钺中部铸有铭文“妇好”二字（图 315）。这两件铜钺可能为妇好生前所用，它是妇好崇高的政治地位和极大的军事权力的象征。根据甲骨文记载，妇好为商王武丁的配偶，生前是一个英勇善战的女将帅，曾带兵讨伐西北部的舌方、陕甘的羌方、山东的夷方和西南地区的巴方。她曾一次率兵一万三千人，远征羌方，是目前所见甲骨文中出兵最多的一次。妇好墓中出土 4 件铜钺，正好与甲骨文所记载的内容相符。妇好的地位高，却并没有在家贪图享受，她是武丁的得力助手，武丁被称为高宗，应该也有妇好的一份贡献。同时也说明商朝时期妇女的政治地位比较高。

9. 盂：此盂有双耳，盂内中部有一朵莲花（图 316），与郑州出土的一件盂表现的是同一个艺术主题。

10. 司母戊鼎：1939 年出土，据说出自 1984 年发掘的武官村北 M260，通高 133 厘米，重

❶

❷

❸

❹

❺

❶图 313 妇好墓铜甗
❷图 314 妇好墓铜鸮尊
❸图 315 妇好墓铜钺
❹图 316 妇好墓铜盂
❺图 317 司母戊鼎

875千克，是世界上青铜时代最大的青铜器，有铭文“司母戊”三字（图317）。据唐兰先生考证，司字当读为“后”字，即王后的专用字。但现在已经约定俗成，还是念“司”字。此鼎系商王文丁为祭祀其母戊而作。司母戊鼎结构复杂，体量大，采用了分铸技术，即先将耳、身、足部件铸好，然后再合铸成一个整体。每个部件需要2~8块范，外范共计20余块，铸造司母戊大鼎需要很高的铸造技术和集体协作精神。

妇好墓出土的鼎形制丰富，造型奇巧，有柱足圆鼎、鸟足鼎和扁足鼎（图318~320）。

图318　妇好墓铜鼎

图319　妇好墓鸟足鼎

图320　妇好墓扁足鼎

（图306~图320　殷墟二期青铜器）

（三）第三期

主要器类有鼎、簋、斝、觚、爵、角、尊、卣、盉、觯等。鼎有方、圆两种。圆鼎属柱足圆鼎，可分为不同类型，耳、腹、足均有差别（图321）。流行高体觚，腹较细（图322）。新出现分裆斝（图323）。簋的圈足较高，侈口，颈内敛，腹下部外鼓（图324）。流行矮体椭圆形提梁卣。流行三层花纹。铭文主要为族徽和庙号。

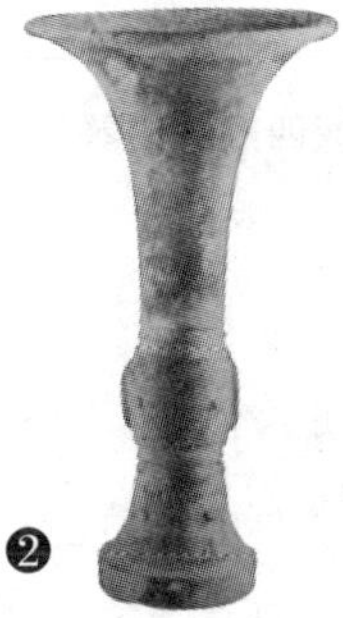

❶图321　鼎(GM875:3)
❷图322　觚(GM875:1)
❸图323　斝(GM875:5)
❹图324　簋(GM2508:2)

（图321~图324　殷墟三期青铜器）

(四) 第四期

该期鼎以柱足鼎为主，出现了鬲形鼎和两头粗、中间细的兽蹄足鼎（图 325、图 326）。簋腹部普遍安装了双耳（图 327）。流行分裆斝。觯出现于殷墟二期，延续于三期，四期的觯形态上开了西周觯的先河。如有一种觯为侈口，颈较细，扁圆体，盖上有菌状钮（图 328）。此期新出现一种带盖爵，窄流尖尾，深腹略鼓，伞形柱，三足较短，牛头鋬，有盖，盖前端似鹿头，背部有环形钮，尾部有铭文两行 12 字，盖里有“亚鱼”二字铭文（图 329）。该期花纹与第三期接近，但铭文字数显著增多，出现了长达 40 余字的纪事铭文。戍嗣子鼎是考古发掘出土的一件珍贵铜器，铭文共 30 字，记载戍嗣子因受商王赏赐，为纪念父癸制作了该件宝鼎，在铭文格式上为西周铭文奠定了基础。

❶

❷

❸

❹
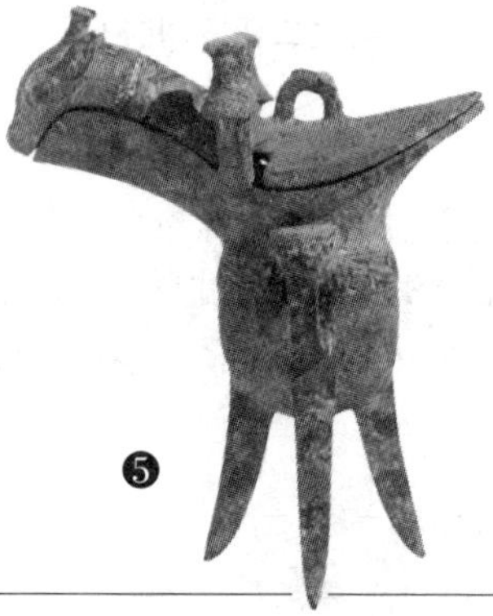
❺

❶图 325　鼎(M1713:27)
❷图 326　戍嗣子鼎(HGH10:5)
❸图 327　簋(M1713:33)
❹图 328　觯(SM53:27)
❺图 329　爵(M1713:50)

（图 325~ 图 329　殷墟四期青铜器）

三、三星堆文化的青铜器

三星堆文化的青铜器主要出土于四川广汉三星堆的两个祭祀坑，金沙遗址也出土了一定数量的青铜器。少量青铜器属中原商文化风格，绝大多数铜器带有地方特色。青铜器形体大，造型奇特，为以前所未见。

三星堆文化铜器出土有如下几批：1986 年在三星堆发现两个祭祀坑，一号坑出土铜器 178 件，二号坑出土铜器73件；1976年在三星堆北面高骈乡的一个土坑中，发现铜牌饰1件；1987年在真武村仓包包祭祀坑发现铜牌饰3件；2001年2月，成都金沙遗址梅苑一带出土铜器470件。我们以三星堆出土的铜器为例，按这些铜器的特征，将其分为如下几类：

（一）中原式青铜器

1．青铜礼器

一号坑出土二尊、一瓿、一盘、一器盖。尊可分为龙虎尊和羊首牺尊。龙虎尊（K1：158、258），敞口，束颈，折肩，腹斜收，平底，高圈足。颈饰三周凸弦纹和三个十字镂孔，下部饰饕餮纹（图330）。这几件铜器时代属于殷墟一期。

二号坑出土九尊、六罍。二号坑有一类尊（K2②：112）为方唇，直沿，喇叭口，束颈，颈较短，斜平肩，直腹，高圈足微外撇，器形显得矮胖（图331）。二号坑另一类尊（K2②：7、K2②：146、K2②：127、K2②：129、）为束颈，折肩，腹壁近直，平底，高圈足外撇，颈部饰三周凸弦纹，肩部有立鸟（图332）。这些尊与妇好墓同类器物相似，时代属殷墟二期。

圆罍（K2②：159），直颈，折肩，腹近直，变窄变浅，平底，圈足变高，颈部饰三周凸弦纹，肩上有四立鸟，肩铸四羊头。花纹以云雷纹衬底，肩饰象鼻龙纹，腹上部饰一周涡纹，中部饰饕餮纹，两侧有倒置的饕餮纹。圈足上部饰一周凸弦纹、四个方形镂孔，下沿有六个小圆孔。足中部饰饕餮纹。时代当与肩部有立鸟装饰的尊相同，也属于殷墟二期（图333）。另一种罍肩部没有立鸟装饰（图334）。此时的中原地区已经没有这种器形了，这属于“文化滞后”现象。

❶

❷

❸

❹

❺

❶ 图330　龙虎尊(K1:158、258)
❷ 图331　尊(K2②:112)
❸ 图332　尊(K2②:151)
❹ 图333　罍(K2②:159)
❺ 图334　罍(K2②:88)

三星堆两座祭祀坑出土的尊、罍、瓿等铜器，从器形来看，与殷墟出土的同类器相似，但亦有其自身特征。如尊、罍上下腹部的转折处棱角分明，圈足普遍较高；肩部多饰有浮雕的牛头、羊头、立鸟，有的牛头或羊头之间有夔龙或立鸟；通体纹饰繁缛细密；圈足上部除饰3~4个长方形或十字形镂孔外，下部还饰一周（6个）小圆孔。深直腹高圈足罍在殷墟还不曾发现。三星堆遗址铜礼器所表现的特有的文化特色表明，这批中原式的铜礼器应为当地所铸造。

2．兽面铜牌饰

1976年在高骈乡的一个土坑中出土1件。1987年在真武村仓包包祭祀坑（87GSZJ）出土3件，分别是87GSZJ：16、87GSZJ：36、87GSZJ：17。

这类铜牌饰最早发现于二里头遗址，共出土3件：1981年M4出土1件，1984年M11出土1件，1987年M57又出土1件。M4时代属二里头二期偏晚，M11、M57时代属二里头四期。

这种铜牌饰在甘肃天水秦城区也出土1件。张天恩认为二里头文化的铜牌饰先传到天水齐家文化区，然后经过陇南传入成都平原。

（二）土著青铜器

1．大型青铜立人像

在二号坑发现一尊大型青铜立人像（K2②：149、150），由像座和人像两部分组成，通高260.8厘米，身高180厘米（图335）。

2．人头像

一号坑共出土人头像13件，头像造型各异，仔细观察，无一件完全相同者，当有不同的原型。二号坑共出土人头像44件，较完好者的耳孔、鼻孔和口缝中均涂有朱砂，眼眶、眉毛及脑后发辫可见黑色彩绘。另有4件戴金面具的人头像，面具用纯金皮锤拓而成，上至额，下包颐，双眉、双眼和耳垂穿孔镂空。

人头像耳垂穿孔，原来当系挂有装饰品。大型立人像、跪坐人像、小立人像，面具耳垂都穿孔，原来也都系有装饰品（图336~图343）。

3．顶尊跪坐人像（图344）、持璋跪坐人像（图345）

❶图335　青铜立人像(K2②:149、150)
❷图336　人头像(K2②:118)
❸图337　人头像(K2②:90)

❶

❷

❸

❼

❹

❺

❽

❻

❶图 338　人头像(K1:5)
❷图 339　人头像(K2②:83)
❸图 340　人头像(K1:2)
❹图 341　人头像(K2②:58)
❺图 342　人头像(K2②:214)
❻图 343　人头像(K2②:45)
❼图 344　顶尊跪坐人像(K2③:48)
❽图 345　持璋跪坐人像(K2③:325)

4．人面具和兽面具

一号坑出土人面具 2 件，二号坑出土人面具 20 件（图 346、图 347），兽面具 3 件（图 348、图 349）。出土时，可见眼眶、眼球及眉毛等用黑彩描绘的痕迹。

❶ 

❷ 

❸ 

❹ 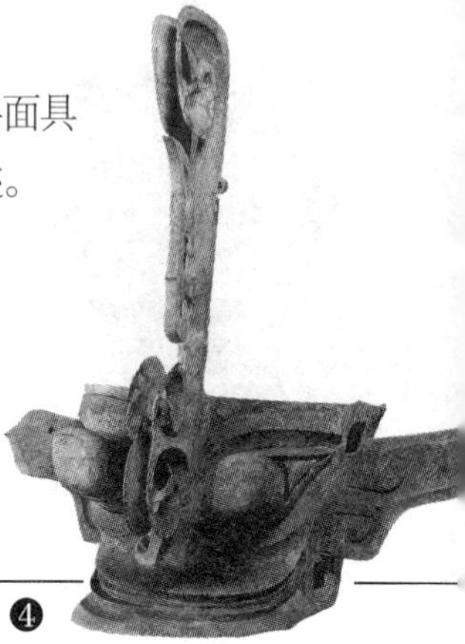

❶ 图 346　人面具(K2②:43)
❷ 图 347　人面具(K2②:153)
❸ 图 348　兽面具(K2②:148)
❹ 图 349　兽面具(K2②:142)

5．神树、神坛、神殿

二号坑出土大型神树两件。如 I 号大型神树（K2②：94），由底座、树身和龙三部分构成，底座下部为圆圈底盘，底盘上有三个倒 V 字形预制构件铸在一起，似树根，很可能象征山，因为 K2③：201-4 玉璋上所刻的山正是这种形状。树干直挺，上附一龙，尾残，头下尾上，前足止于底盘，昂首屈身。树身上、中、下部各有一层树枝，每层三枝，共九枝。与龙相对的上下三枝各有三分枝，两长枝下垂，一短枝上扬。龙之两侧，上下共六枝，各有二分枝，一长枝下垂，一短枝上扬。每个小分枝上开一朵花，结桃状果实，上扬的小枝上各有一立鸟，树尖已残，原可能也立一鸟，共十只鸟，与天有十日的传说相合（图 350）。

另有小型神树 4 株，均残。神坛 3 件，均残不能复原。神殿 2 件。

6．龙柱形器、人身形铜牌饰、虎形器、铜蛇、铜鸟

一号坑出土龙柱形器 1 件（K1：36），柱截面为椭圆形，上端为斜面，立一龙，张口露齿，前爪趴于柱顶，后爪紧贴柱壁，尾巴上卷，柱壁饰一夔形饰。柱下有四个半圆形缺口，其上有两个穿孔，此龙形

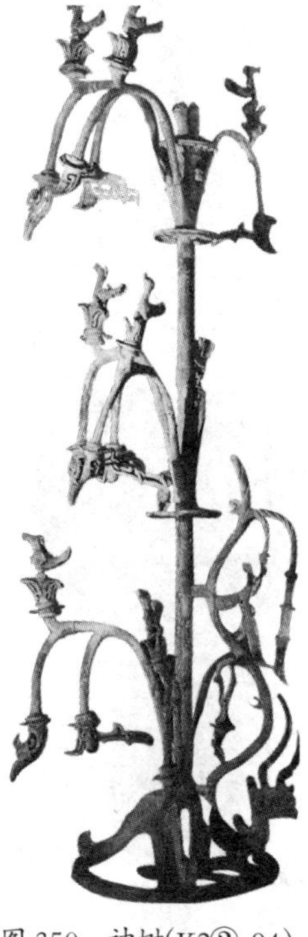

图 350　神树(K2②:94)

柱为某器物上的附件，高 41 厘米（图 351）。

二号坑出土人身形牌饰 2 件，其中 1 件仅存一腿，另一件完整（K2②：103-27）。

一号坑出土虎形器 1 件（K1：62），虎昂首立耳，张口露齿，身作圆圈形，尾巴上翘。金沙村遗址也出土一件铜虎，造型与一号坑这件虎基本相同。二号坑发现 10 件铜蛇和 28 件龙形饰件，铜鸟 7 件，或似公鸡，或似老鹰，或似凤凰；另有鸟形饰 8 件。

7．铜有领璧形器（铜瑗）、铜戚形方孔璧、璋形饰

一号坑出土铜有领璧形器（铜瑗）74 件，二号坑出土 58 件，金沙梅苑出土 100 余件。

一号坑出土铜戚形方孔璧 33 件，二号坑出土 25 件，金沙梅苑出土 80 余件。

二号坑出土璋形饰 1 件（K2②：144-5），器身扁平，刃端分叉，后端弯曲呈 S 状，中部有钩状饰，柄端有五齿。

8．铜眼形饰、眼形器、眼泡

二号坑出土眼形饰 5 件，眼形器 71 件，眼泡 33 件。金沙梅苑出土眼形饰、眼形器共 20 余件，铜眼泡 2 件。

图 351　龙柱形器（K1:36）

（图 330~ 图 351　三星堆文化青铜器）

9．铜戈、铜挂饰

一号坑出土铜戈 44 件，二号坑出土铜戈 17 件，金沙梅苑出土 30 余件。

二号坑出土铜挂饰共 5 种，有铃 43 件，圆形挂饰 30 件，龟背形挂饰 32 件，扇贝形挂饰 48 件，箕形挂饰 2 件，铃挂架 16 件。

三星堆祭祀坑和金沙梅苑出土的铜器均以土著铜器为主，土著铜器在数量上占绝对优势，并且有一群具有地方特征的器物群，器类包括人头像、跪坐人像、面具、人面像、龙柱形器、虎形器、龙形饰、戈、瑗等。二号坑出土的器类包括各种人像、人头像、人身形牌饰、人面具、兽面具、眼形饰、眼形器、眼泡、神树、神坛、神殿、太阳形器、瑗、戚形方孔璧、璋、戈、铃、圆形挂饰、龟背形挂饰、扇贝形挂饰、箕形挂饰、铜箔饰件以及各种杂件等，金沙梅苑出土的铜器有立人像、鸟、戈、戚形方孔璧、瑗、眼形器、眼睛、眼泡、铃、鱼形饰、龟背形挂饰、扇贝形挂饰、铜喇叭形器、铜卷云形器、牛首、龙形器、锥形器等。

关于大型立人像的身份，学者们发表了许多看法。沈仲常认为立人像手中所握为琮，琮是祭祀天地的礼器，立人像的身份应是主持祭祀的巫师，且是群巫之长，当然也可能是某一代蜀王的形

象。陈显丹、钱玉趾指出立人像是蜀族始祖蚕丛的偶像。黄家祥认为青铜立人像是商代“尸主”、“神主”或“职主”一类的人物，具有主祭人和受祭人的双重身份。孙华认为青铜立人像的身份与青铜人像相同，是祭司、巫师一类的神职人员或王者或侯伯等，与世俗贵族没有多大关联。

青铜立人像连座通高 260.8 厘米，身高 180 厘米，即使将人头像复原，高度也不会超出立人像，人头像应是祖先神像，那么青铜立人像当也是祖先神像，并且是地位最高的一位祖先神像，相当于后来正史中所称的“高祖”，在夏、商、周时期则如禹、汤、文、武。蜀国中地位如此之高的人会是谁呢？钱玉趾推测青铜立人像象征蚕丛，或许有这种可能性。大型立人像、人头像和人面具是三星堆铜器中的核心构成部分。

跪坐人像、顶尊跪坐人像、持璋跪坐人像、人身鸟足像、人面鸟身像、小立人像，其身份均是巫师。从理论上讲，王者也是群巫之长，有最高的决定权，但王者不可能事必亲躬，职业毕竟有所分工。巫师是一种职业，当时有一批训练有素、专门从事巫术职业的人员，如商代专业巫师有巫咸、巫贤、巫彭。以上所举各种小型人像的身份，正是专门从事巫术职业的巫师，而非王者。

人、兽面具可能是巫师作法的巫术法器，是沟通人神世界的工具。至于使用方式要视面具的大小轻重而定，小型面具可以直接系挂在面部。但三星堆面具有的体量很大，如最重者达 13.4 千克、高 40.3 厘米、宽 60.5 厘米，这肯定不是直接系于脸部的。事实上，面具本身就为我们分析其使用方式提供了线索。三星堆出土的青铜人、兽面具的两侧上下各有一铸造后凿出的方形穿孔，多数在额正中也有凿出的方形穿孔。这些方孔正是为了在面具上安装其他附件，或将面具附着在神像上便于加固而凿的。不管面具的使用方式如何，其作为沟通人神世界的媒介，这一点是肯定的。

神树是巫师借以通天的工具，神坛、神殿都是进行祭祀活动的器具，可以总称为巫术法器。

龙柱形器、人身形牌饰和虎形器涉及龙、蛇、虎、鸟等动物，这说明龙、蛇、虎、鸟在三星堆文化中占有很重要的地位，可能都是巫师沟通人神世界的媒介。

三星堆文化对眼非常重视，绝非出于偶然。《华阳国志·蜀志》载：“有蜀侯蚕丛，其目纵，始称王。”这里就特别提到“目纵”这一特征。“蜀”字的字源也与目有关，殷墟甲骨文写为“”，周原甲骨文写成“”、“”，班簋写成“”。《说文解字》载：“蜀，葵中蚕也。从虫，上目，象蜀头形，中象其身蜎蜎。《诗》曰：‘蜎蜎者蠋。’”段注曰：“葵，《尔雅》释文引作‘桑’。《诗》曰：‘蜎蜎者蠋，蒸在桑野。’似作‘桑’为长。毛传曰：‘蜎蜎，蠋貌。蠋，桑虫也。’传言虫，许言蚕者，蜀似蚕也。《淮南子》曰：‘蚕与蜀相类，而爱憎异也。’桑虫蠹即蛸蛴。”“蜀”字的上部是一眼部特征很突出的动物，当可肯定，下部的“虫”字当为后人所加。蜀人奇特的崇拜眼睛的宗教现象，可能源于蚕丛的目纵。

三星堆与金沙所出戈相似，均为直内，援呈连弧刃锯齿形。近阑处有一圆穿，个别内上有长方形穿。颇具地方特色，尚不见于其他地区。《三星堆祭祀坑》报告中认为铜戈非实用器，在宗教仪式活动中用作仪仗，还具有驱邪镇魔的作用。

挂饰与铃、铃挂架是一组器物，结合使用。铃悬于挂架中央，挂饰悬挂在架圈周围的挂钮（或挂环）上，每个挂架悬挂相同的挂饰，不相混杂。宗庙内当有悬挂的铃铛与挂饰，为宗庙内必备的陈设。

前述三星堆遗址出土的中原式铜礼器组合由尊、瓿、盘变为尊、罍。尊、瓿、罍均为酒器。郭宝均认为殷代铜器群为“重酒的组合”，西周中叶以后铜礼器转变为“重食的组合”。若以此为标准，三星堆中原式铜器也是“重酒的组合”，只是器类很简单。三星堆文化在吸收商文化时只吸收了尊、瓿、罍、盘少数器类，像鼎、觚、爵、斝等商文化典型器类均未吸纳。这种现象当与三星堆文化的特有模式有关。三星堆铜器中各种人像、头像、面具、神树、神殿、神坛等是“体”，借鉴中原式铜器只是“用”，仅仅借用这种大型酒器装酒来进行祭祀等巫术活动。张光直认为“中国古代文明是所谓萨满式文化”。笔者认为，“萨满式文化”即巫术文化，巫术文化又有各种各样的文化模式，夏、商、周三代文明是以青铜礼器如爵、觚、鼎、簋、钟等为代表的一种礼乐文化模式，三星堆文化则是以神像崇拜为特点的巫术文化模式。

三星堆铜器规模之大，数量之多，造型之新，前所未见。经过仔细排比分析，三星堆铜器为一层次清晰、用途分明的、有机的统一整体，包括金、石、玉器等在内，均不可分割，金沙遗存也是如此。这些器物所反映的三星堆文化的宗教是由祖先崇拜（大型立人像、人头像、人面具）、图腾崇拜（鸟、鱼等）和自然崇拜（山、树，另有大石崇拜）构成的一个完整的宗教体系，它是维持社会稳定、增强社会凝聚力的精神纽带。

三星堆青铜器既然是一个有机的统一整体，每一类器物都不可或缺，因此我们必须用系统的方法去分析解释，不能孤立地就某一器物而论其象征意义，只有在整体的链条中才能给予每类器物一个准确的定位。

四、吴城文化的青铜器

吴城文化的青铜器主要出土于江西新干大洋洲商代墓葬。墓中青铜器时代有早晚之别，从二里冈上层延续至殷墟中期，故报告推测该墓年代为商代后期早段，相当于殷墟中期。墓葬出土器物达 1900 余件，其中青铜器 480 余件、玉器 754 件、陶器 356 件。该墓出土的青铜器受商文化的强烈影响，大多数青铜器的器形与纹饰仿自商文化青铜器。最具地方特色的是在许多青铜器上分别铸有一对老虎，这是安阳殷墟所不见的。还有一件双面神人头像（图 352）和一件伏鸟双尾铜虎，面目狰

图 352　双面神人头像

狞，也是颇具地方特色的铜器。

1．鼎

有锥足圆鼎、扁足圆鼎、方鼎、柱足圆鼎、甗形鼎、鬲形鼎这几种形制。

锥足圆鼎，共出土3件，其中深腹者2件，浅腹者1件。标本XDM:4，立耳，深腹，圜底，三锥足中空外撇，腹饰兽面纹，以连珠纹镶边（图353）。兽面纹与连珠纹组合的装饰风格常见于二里冈上层时期铜器，新干大洋洲出土的铜器明显受到商文化的影响。凡具有这种装饰风格的铜器，表明其时代较早。

扁足圆鼎，共出土14件，其中虎形扁足鼎9件，夔形扁足鼎3件，鱼形扁足鼎2件。虎形扁足鼎（中立耳上刻有一对老虎）有7件。该类鼎形制一般为立耳，盆形腹，扁足，腹部饰兽面纹，以连珠纹镶边（图354~图358）。扁足圆鼎与二里冈上层时期的铜器相似。

柱足圆鼎，共4件，立耳，方唇，深腹微鼓，柱足中空。标本XDM:1、XDM:2、XDM:7腹部饰兽面纹（图359、图360），标本XDM:3腹部饰圆涡纹，间以四瓣目纹。柱足圆鼎时代较晚，相当于殷墟中期（图361）。

图353　锥足圆鼎

图354　鼎

图355　鼎

图356　鼎

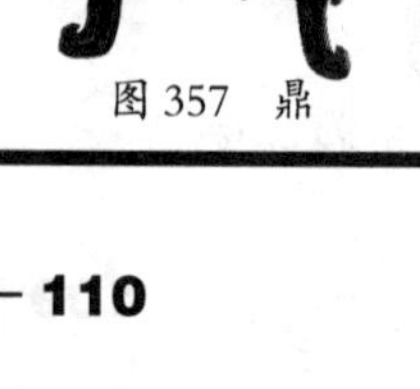
图357　鼎

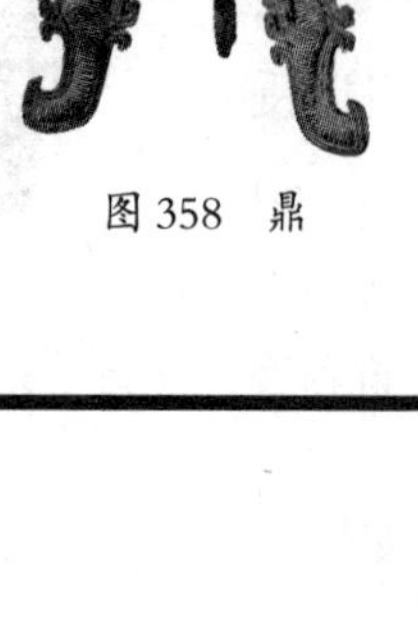
图358　鼎

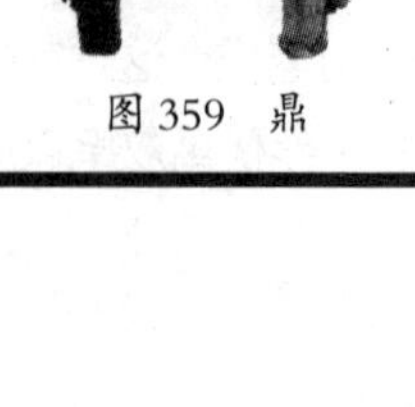
图359　鼎

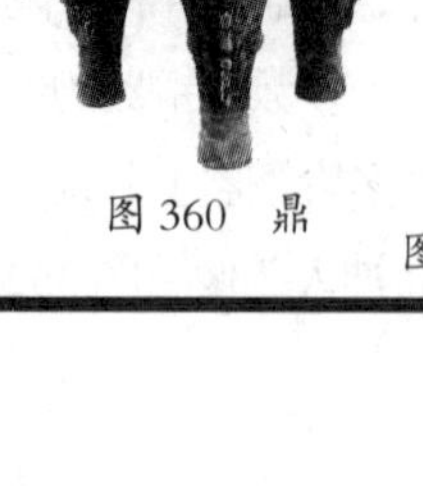
图360　鼎

图361　鼎

图 362　鼎

图 363　鼎

图 364　鼎

图 365　鼎

图 366　鼎

图 367　瓿形鼎

图 368　鬲形鼎

图 369　鬲

方鼎6件，其中有虎耳方鼎3件，立耳方鼎2件，双层底方鼎1件。鼎腹部花纹有不同的组合方式，如乳钉纹与兽面纹的组合，兽面纹与连珠纹的组合（图362~图366）。方鼎具有二里冈上层时期青铜器的装饰风格。郑州和安阳等地出土的大型方鼎一般均属于王室重器。大洋洲商代大墓出土的6件方鼎，最高者通高97厘米，重49千克，在用鼎方面可以说与商王是平起平坐的。据此推测，这说明墓主人应是越人所建的一个国家的国君，这个国家虽然与商朝有密切联系，但却是一个独立的国家。

瓿形鼎（图367）和鬲形鼎（图368）各1件，前者具有地方特色，后者很可能晚至殷墟晚期。

2．其他青铜器

青铜礼器还有鬲、甗、壶、卣、盘、豆、尊、瓿、瓒等（图369~图381）；乐器镈1件，铙3件；农业工具11种，计51件；手工业工具7种，计92件；兵器11种，计232件。

图 370　鬲

图 371　鬲

图 372　鬲

图 373　鬲

图 374　甗

图 375　壶

图 376　壶

图 377　卣

图 378　卣

图 379　盘

图 380　豆

图 381　尊

（图 352~ 图 381　江西新干大洋洲商代大墓出土的青铜器）

正如三星堆两个祭祀坑出土以后改变了我们对蜀文化的认识一样，大洋洲商代晚期大墓的发掘也使我们耳目一新，也需要我们重新评价赣江流域的吴城文化。但正如三星堆文明一样，吴城文化也受到了商文明的重大影响。无论我们怎样评价三星堆文化和吴城文化，都不要忽视商文化对它们的催化作用。

第十一章　西周时期青铜器

第一节　西周早期青铜器

一、西周早期青铜器概况

西周早期历武王、成王、康王、昭王、穆王五朝，共约 125 年。西周青铜器是在继承商代青铜器的基础上发展起来的。周灭商后，除直接抢夺了商的大量青铜器外，还可能俘虏了商的大量铸造工匠。周人在灭商以前就已经学会了青铜铸造技术，所以周的青铜器铸造业有一个较高的起点，青铜文明并未因朝代更替而中断。西周的青铜铸造业从一开始就彰显出自己独特的风格。如《尚书》中的《酒诰》所载一样，周朝统治者批判商人沉溺于酒导致亡国，并下了禁酒令，因此酒器觚、爵、斝逐渐减少，铜器组合改为以食器为主。郭宝均先生概括商周青铜器的变化为由“重酒的组合”而变为“重食的组合”。西周青铜器的组合以鼎、簋为主，天子九鼎八簋，卿或诸侯七鼎六簋，大夫五鼎四簋，士三鼎二簋或一鼎一簋。

食器主要有鼎、簋、甗，鬲与豆少见。酒器有觚、爵、角、斝、觯、尊、鸟兽尊、卣、方彝、兕觥、罍、壶等。水器有盘。杂器有俎、禁。武器有戈、钩戟、匕首。乐器编钟最早见于竹园沟 M7，为康昭时期，三件一组，成为西周前期的流行形式。

花纹主要为兽面纹和夔纹，以云雷纹作底纹。铭文字数增多，天亡簋、大盂鼎铭文均比较长，小盂鼎近 400 字。字体波折明显，苍劲有力。西周铜器造型凝重厚实，花纹庄重典雅，铭文工整严谨，表明西周早期是我国青铜时代的鼎盛时期。

二、青铜器举例

1. 鼎

鼎为立耳，柱足或蹄足，腹微下垂，最大腹径在下部。如大盂鼎，周康王时器，重 153 千克，铭文 291 字，记载了商人沉湎于酒及周初禁酒的史实，还记载了周天子授民授疆土的赏赐情况（图 382）。

图 382　大盂鼎

2. 簋

簋一般双耳，无盖。有一种为带圈足的四耳簋，如宜侯夨簋，1954 年出土于江苏丹徒，有铭文 126 字，铭文记载了原处西部地区的虞侯夨被改封到江南宜地的史实（图 383）。该器年代属于康王时期。方座二耳簋、方座四耳簋为本期新出现的形制。前者如利簋（图 384），铭文 32 字，记载了武王伐纣这一重大历史事件，所记征商时间为“唯甲子朝”，与《尚书·牧誓》、《逸周书·世俘解》所载相吻合。该器为武王时器，它是目前确知的西周最早的一件青铜器。后者如天亡簋（图 385），又称大丰簋、朕簋，亦为武王时器。铭文 77 字，记述了周武王在太室举行典礼祭祀文王、苍天的经过。

图 383　宜侯夨簋

图 384　利簋

图 385　天亡簋

3. 何尊

1965 年出土于陕西宝鸡贾村。敞口，束腰，带圈足。腹部有四条扉棱，满身饰兽面纹（图 386）。铭文 122 字，记录了武王克商和成王营建成周的重要史实，与《尚书·召诰》等记载相合。

图 386　何尊

4. 匽侯盂

1955 年发现于辽宁喀左马厂沟的一个铜器窖藏，成王时器。有 5 字铭文，表明此盂为匽侯所作，此匽即是燕国，说明周初分封燕国是实有其事（图 387）。1986 年在北京房山琉璃河黄土坡 M1193 出土的克盉与克罍也反映了周初封燕的史实，并且克是第一代燕侯。

图 387　匽侯盂

（图 382~ 图 387　西周早期青铜器）

5. 其他

戈为长援短胡，一至三穿或四穿。钩戟为周族特有的兵器。

第二节　西周中期青铜器

一、西周中期青铜器概况

西周中期历恭王、懿王、孝王、夷王四朝，约45年。

酒器觚、爵、斝、觯、方彝基本消失。新出现的器物有食器簠、盨，水器匜，与盘配套。西周中晚期编钟一般8件一组，也偶有16件一组的。

兽面纹、夔纹逐渐少见，凤鸟纹和长尾凤鸟纹盛行。纹饰风格大变，流行窃曲纹、重环纹、瓦楞纹、宽带纹。

铭文多见长篇，笔画波折不明显，向笔画粗细一致的方向发展。

西周中期青铜器由厚重典雅而变得轻薄草率，花纹由繁复趋向简化，青铜时代进入一个新的时期。

二、青铜器举例

1．五祀卫鼎、九祀卫鼎

从器形来看，流行蹄足鼎，鼎腹下垂特甚，最大径在腹下部，特征鲜明。五祀卫鼎，腹部饰窃曲纹，铭文207字，记录了卫和邦君厉之间的土地纠纷以及土地所有权转移的全过程（图388）。九祀卫鼎，腹部饰窃曲纹，铭文195字，记录了裘卫以实物换得矩伯林场的史实（图389）。

图388　五祀卫鼎

2．大克鼎

高93.1厘米，重201.5千克。立耳，腹部微下垂，蹄足。颈部饰窃曲纹，腹部饰宽带纹。铭文290字，年代属孝王时期（图390）。

图389　九祀卫鼎

3．墙盘

1976年12月出土于陕西扶风庄白1号窖藏，铭文284字，铭文前半段颂扬文、武、成、康、昭、穆及时王的业绩，后半部分叙述微史家族七代人的历史。该盘属共王时期（图391）。

图 390　大克鼎

图 391　墙盘

图 392　㾓簋

图 393　长甶盉

（图 388~ 图 393　西周中期青铜器）

4．㾓簋

带盖簋增多，如㾓簋（图 392），1976 年 12 月出土于陕西扶风庄白 1 号窖藏，为带方座的双耳簋。颈部和盖沿饰重环纹，盖面、腹部和方座侧面饰瓦楞纹，方座四角台面上饰简化兽面纹。㾓是前述墙盘中墙的儿子，生活在孝王至厉王时期。

5．长甶盉

1954 年陕西长安县斗门镇普渡村西周墓出土，穆王时器。铭文 56 字（图 393）。

第三节　西周晚期青铜器

一、西周晚期青铜器概况

西周晚期历经厉王、共和、宣王、幽王时期，共 108 年。

从器类来看，炊食器以鼎、簋、鬲、簠为主，甗、盨、豆次之。水器常见盘、匜。酒器有盉、尊、鸟兽尊、罍、壶等。花纹流行窃曲纹、宽带纹、瓦楞纹、重环纹、垂鳞纹。

此期青铜器上的铭文字数较多，多见百字以上的长篇铭文。宣王时的毛公鼎铭文长达 497 字，这是目前我国已出土的青铜器上铭文字数最多的。笔画粗细一致，被称为“玉柱体”，排列均匀整齐，缺少变化。从艺术效果来看，没有周初铭文的感染力强。但从文字的规范化来看，这又是历史的必然趋势，是迈向小篆的必经之路。

西周晚期的社会巨变，对青铜器的铸造质量产生了深刻的影响。器物轻薄简陋，纹饰继续简化，明器质量更差。

图 394　多友鼎

图 395　善夫山鼎

图 396　毛公鼎

图 397　虢季鼎

图 398　虢季列鼎

图 399　函皇父鼎

图 400　簋

图 402　㝬簋

图 401　列簋

二、青铜器举例

1．鼎

从器形看，鼎大多为立耳，有的为附耳。腹部一般为半球腹，最大径在上腹，如厉王时的多友鼎（图 394），宣王时的善夫山鼎（图 395）、毛公鼎（图 396）、虢季鼎（图 397、398）。腹下垂者少见，如厉王时的函皇父鼎（图 399），属于西周早中期流行的一种形制。

2. 簋

簋多溜肩，鼓腹，双兽首耳、三矮足(图 400、401)。方座簋少见，如厉王时的㝬(hú)簋（图 402）。

3. 虢季子白盘

清道光年间眉县知县得于陕西宝鸡虢川司。器长 137.2 厘米、宽 86.5 厘米、高 39.5 厘米，重 450 千克，它是目前所见的最大的盘。铭文 111 字，记录了周宣王征伐猃狁的史实(图 403)。

4. 伯公父簠

1977 年出土于陕西扶风云塘村西周铜器窖藏。盖、器呈四面坡屋顶形，形制、纹饰、大小相同。盖顶与器底外饰窃曲纹，盖缘和底缘饰一周重环纹，腹部饰波曲纹，圈足饰垂鳞纹(图 404)。

5. 伯多父盨

1976 年出土于陕西扶风云塘村西周铜器窖藏，同坑共出 4 件，形制基本相同。椭方形，龙首形双耳，盖顶有四矩尺形钮，透雕云雷纹，圈足，四面各有缺口，盖顶、盖缘和口缘均饰窃曲纹（图 405)。

图 403　虢季子白盘

图 404　伯公父簠

图 405　伯多父盨

（图 394~ 图 405　西周晚期青铜器）

第十二章　春秋战国时期青铜器

第一节　春秋时期青铜器

西周后期至春秋早期，礼崩乐坏，由礼乐征伐自天子出，一改而为礼乐征伐自诸侯出。《左传》记载，隐公三年四月，郑国祭足居然率军割了周天子温地的麦子，秋天又割了周天子成周的禾。《左传·宣公三年》："楚子伐陆浑之戎，遂至于洛，观兵于周疆。定王使王孙满劳楚子，楚子问鼎之大小轻重焉。"天子无威信，诸侯眼中自然也没有天子，天子完全成了诸侯称霸的工具。用鼎制度也发生了僭越现象，诸侯用了九鼎八簋，卿或上大夫用七鼎六簋，下大夫五鼎四簋，士用三鼎二簋或一鼎一簋。

诸侯国兴起以后，大小诸侯国都在铸造青铜器。铸造技术较西周有了显著进步，主要体现在分铸技术的广泛应用上，即部件分铸，然后采用嵌铸法将各部件一次浑铸成型。采用分铸技术能够铸造非常复杂的器物，如郑国铸造的莲鹤方壶就是其中的代表作。技术进步的另一个方面，是发明了拍印法印模花纹技术和红铜嵌花技术。

春秋列国在青铜铸造技术方面既有联系，同时又相对独立，因此列国青铜器既有相似性，又有地方独特的风格。

一、春秋早期青铜器

春秋早期与西周晚期铜器器形花纹均相似，辨别起来比较困难。

虢国墓地时代属西周晚期和春秋早期。李丰将1957年发掘的虢国墓地分为三期，第一期以M1820、M1810为代表，时代约在宣王和幽王时期；第二期以M1052、M1689为代表，时代为春秋早期偏早的一段；第三期以M1705、M1721为代表，时代为春秋早期偏晚。现将几种典型器物的演变规律列表如下：

表12-1　典型器物的演变规律

	半球腹鼎	甗	簋	壶	匜	小罐
第一期	体态较高，深腹，足跟较缓，通高与口径基本相当，饰比较规整的窃曲纹或兽带纹	上下分体，耳立沿上，下体外鼓，略有分裆，饰窃曲纹和兽带纹	盖、腹折棱明显，花纹清晰规整，口、盖沿饰窃曲纹，圈足饰垂鳞纹	垂腹，颈部内收明显	口沿微曲，窄流，鋬在腹后，四个兽形足，饰窃曲纹和瓦纹	深腹有圈足，素面

续表

	半球腹鼎	甗	簠	壶	匜	小罐
第二期	体态变矮，口径大于通高，浅腹，底较缓，短足跟开始外鼓，通身饰粗线浅凸的窃曲纹和兽带纹	附耳，腹较一期为浅，下体较直，制作较粗糙	形体浑圆，耳变小，制作粗糙，花纹散乱	垂腹，颈部变粗，体矮		盖、腹部与前一期同，无圈足。盖饰饕餮纹，腹饰类似蟠螭纹
第三期	腹变得更浅，底部近平，足开始向细高发展，足跟隆起，足端外张		双耳简化无孔，饰两道窃曲纹		流口宽大，向上翘起，鋬至底部，四个直足，饰宽线条窃曲纹，腹部瓦纹消失	形体更矮，口盖变小。腹变成圆球形，饰兽带纹

河南光山县宝相寺黄君孟夫妇墓是春秋早期的墓葬，所出土的青铜器是春秋早期铜器断代的标准器群。黄君孟鼎：立耳，方唇，平沿，腹微鼓，圜底，兽蹄足。腹饰凸弦纹一周，上腹部有铭文："黄君孟自作行器，子子孙孙则永宝用。"

二、春秋中期青铜器

春秋中期以后，楚国青铜器自身特色形成，与中原青铜器差别明显，以淅川下寺甲组墓、和尚岭楚墓 M1 和 M2 为代表。1979 年在河南淅川下寺发掘的 24 座春秋楚墓，是目前墓主人身份明确的、最早的楚墓，等级高。该墓群可分为三组，甲组位于南部，包括 M7、M8、M36 及 M8CH、M36CH 两座车马坑；乙组位于中部，以 2 号墓为中心，共 19 座墓葬，包括 M1~M4、M12~M15、M21~M24、M26、M28~M33 及 M2CH 一座车马坑；丙组位于北部，包括 M10、M11 及 M10CH、M11CH 两座车马坑。甲组墓时代属于春秋中期后段。乙组墓中 2 号墓为楚令尹王子午的墓葬，下葬时间为公元前 552 年，故乙组墓时代属于春秋晚期前段。丙组墓时代属于春秋晚期后段。下寺春秋楚墓成为春秋中晚期楚墓断代的标尺。

和尚岭墓地在下寺墓地的东北部。1990 年，考古人员发掘两座楚墓，其中 M1 出土克黄升鼎两件。两墓年代为春秋中期，也有学者将之定在春秋晚期甚至战国早期。

1. 下寺甲组墓 M7 出土的鼎

6 鼎，平盖，中间为一方环形钮，四周有三个矩形钮，敛口，深鼓腹，圜底，矮蹄足内收，附耳。顶盖边沿饰有以窃曲纹、卷云纹、蟠虺纹组成的花纹一周，口沿下至腹部饰蟠虺纹、绹索纹及卷云纹各一周（图 406）。

2．下寺甲组墓 M8 出土的簠（M8：2）

盖口沿上有四个兽面边卡，口沿较低，腹较长，矩形足较小，饰蟠虺纹（图 407）。

3． 克黄鼎

立耳，束腰，平底，蹄足（图 408）。克黄属若敖氏，楚庄王时任箴尹。公元前 605 年，楚庄王灭若敖氏。当时克黄正出使齐国，在归国途中经过宋国时听说此事，随从劝他不要回国。但克黄执意回国，并向庄王复命。庄王被克黄的爱国行为感动，不但没有因为他出自若敖氏而杀他，反而仍然命他为箴尹，改其名曰生。克黄鼎是目前发现的最早的楚式升鼎。升鼎是楚国贵族祭祀时的列鼎，是楚文化青铜器中颇具特色的器物。曾、许等附庸国深受楚文化的影响，也采用了楚式升鼎。

图 406 鼎

图 407 簠

图 408 克黄鼎

（图 406~ 图 408 春秋中期青铜器）

三、春秋晚期青铜器

春秋晚期青铜器以河南淅川下寺楚墓乙组及丙组墓、徐家岭 M3 及 M9、安徽寿县蔡侯墓为代表。

徐家岭墓地位于河南省淅川县南 47 千米的仓房乡沿江村，南距和尚岭 3 千米。1990 年、1991 年，考古人员共在岭上发掘 10 座墓，其中有 6 座墓葬可以明确断代，M3、M9 属于春秋晚期，M1、M5、M10 属于战国早期，M6 属于战国中期。南阳市文物考古研究所配合南水北调中线工程建设，于 2006 年 11 月至 2007 年 1 月在徐家岭又发掘 3 座楚墓，其中 M11 最为重要。该墓尽管有盗洞，但由于制止及时，墓室内的随葬器物大部分仍基本完好，出土铜器、玉石器等 200 余件，时代属于战国早期。

寿县蔡侯墓位于安徽寿县县城西门内，1955 年发掘出土。该墓平面近方形，南北长 8. 45 米，东西宽 7.1 米，深 3.35 米。出土随葬品 584 件，以青铜器为主，计 486 件，其中礼器及生活用品 90 余件，包括镬鼎 1 件，升鼎 7 件，带盖鼎 10 件，簋 8 件，簠 4 件，鬲 8 件，敦、豆、壶、盥缶、尊缶、鉴各 2 件，乐器 32 件，有甬钟、编钟、编镈各 1 套，其中甬钟 12 件，编钟 9 件，编镈 8 件。一般认为这是蔡昭侯申的墓葬（公元前 518 年—前 491 年），蔡昭侯于公元前 493 年将蔡国都城迁到州来（今寿县）。该墓时代介于淅川下寺楚墓和随州曾侯乙墓之间，是春秋晚期青铜器断代的标准器物群（图 409~ 图 411）。

淅川下寺乙组墓M3出土的鼎（M3：9），盖顶有平环握手，附耳，鼎腹变浅，蹄足较直略外撇（图412）。丙组M11出土的鼎（鼎11：5），盖顶为连环钮，四周有三个竖环钮，鼎腹较深微鼓，鼎足较长外撇（图413）。

下寺乙组墓M1出土升鼎2件、M2出土升鼎7件。该类器物制作精良，是楚国升鼎中质量最好的。M2的7件升鼎形制相同，大小相次，即所谓列鼎。有盖，方唇外折，立耳外撇，束腰，平底，蹄足。器身爬附怪兽6个，昂首，凹腰，扬尾（图414）。楚国用这种独创的鼎作为列鼎，体现了楚人的自负，楚国国君熊渠和楚武王都曾自豪地说："我蛮夷也!"这正是楚国强大以后充满自信的表现。

下寺乙组墓M3出土的簠（M3:15）盖口沿上有6个兽面边卡，直腹变高，斜腹变短，矩形足变大，足比口略小。丙组墓出土的簠直腹变得更高，斜腹更短，矩形足更大，足与口大小相等（图415）。

下寺乙组M2出土尊缶2件，有盖，小口，直领，鼓腹，最大腹径靠上部，小平底，矮圈足。盖顶为竖环钮套环，四周有3个竖环钮。腹部有1对链环钮，腹部饰蟠虺纹和蕉叶纹（图416）。丙组M10、M11出土的尊缶盖上有1个或4个竖环钮，鼓腹，最大腹径下移，腹部有对称的竖环4个（图417）。

❶图409 升鼎
❷图410 敦
❸图411 豆
❹图412 鼎
❺图413 鼎
❻图414 升鼎
❼图415 簠
❽图416 尊缶
❾图417 尊缶

下寺丙组 M10、M11 出土的铜敦是装饭的食器，呈矮胖的圆球形，盖、身各为半球。盖顶有 3 个竖环钮，盖口沿处有两个对称的环钮和 4 个等距离的边卡。器身口沿处亦有 2 个环钮，下有 3 个短兽蹄足（图 418）。从盖和器身形制来看，它们的分工还很明确。到战国时期，敦的盖、身就完全一样了，可以倒置。

下寺乙组 M2 出土的铜禁，虎足，器身攀附怪兽 12 个，禁腹部和表面花纹似蜂窝状（图 419）。它是目前我国所发现的最早一件用失蜡法制造的青铜器标本。

新郑出土的莲鹤方壶是青铜器精品，时代为春秋晚期。双层莲瓣盖，盖顶立一展翅欲飞的仙鹤，器身有爬兽，器底为二龙承器。鹤、爬兽、卧龙都是先分铸后再焊接到器体上的（图 420）。

吴、越青铜剑当时就闻名天下。《史记·吴太伯世家》记载了吴公子季札挂剑的故事。季札出使鲁、齐、郑、卫、晋诸国，路过徐国，徐国国君喜欢季札的剑，又不好开口要，季札心领神会，但因有出使重任，不便送给。回来时，路过徐国，徐国国君已逝，季札就把心爱的宝剑挂在了徐国国君墓葬的树上。《吴越春秋》卷二记载，吴王阖闾时有干将善铸剑，当时越王献给吴王三把宝剑，吴王叫干将改制成两把，一把叫干将，另一把叫莫邪，莫邪是干将妻子的名字，“干将莫邪”就成了宝剑的代称。《吴越春秋》、《越绝书》都记载了越国铸剑名师欧冶子的故事。考古也发现吴越兵器确实名副其实。

吴王夫差矛（图 421）出土于湖北江陵马山 5 号墓，时代为春秋晚期。中间起脊，有血槽，器身满饰菱形暗纹，短骹。有错金铭文 2 行 8 字：“吴王夫差自作用鈼。”

越王勾践剑（图 422）出自湖北江陵望山 1 号墓，时代为春秋晚期。通长 55.7 厘米，剑身布满菱形暗纹，锋刃锐利如初。剑格正面用蓝色琉璃、背面用绿松石镶嵌出兽面纹。近格处有错金铭文 8 字：“越王鸠浅（勾践）自作用剑。”

❶

❷

❸

❹

❺

❶图 418　敦
❷图 419　铜禁
❸图 420　莲鹤方壶
❹图 421　吴王夫差矛
❺图 422　越王勾践剑

（图 409~ 图 422　春秋晚期青铜器）

第二节　战国时期青铜器

一、战国早期青铜器

到战国时期，天子的地位更低了，诸侯国的卿有的成了诸侯，如中原的韩、赵、魏三家分晋，东方的田氏代齐。过去的异姓诸侯迅速崛起，西有强秦，南有劲楚，政治格局发生了很大变化，各国礼制也随之发生了变化。

战国早期青铜器以曾侯乙墓为代表，曾侯乙墓位于湖北省随州市城关镇西北郊擂鼓墩附近。墓葬平面为不规则多边形，东西最长处21米，南北最宽处16.5米，面积220平方米，残存墓口距墓底深11米，墓坑原深约13米，无墓道。靠近木椁填充木炭和青膏泥，墓内使用木炭约重6万千克以上。木椁南北最长15.72米，东西最宽19.7米，共用木材380立方米，全为梓木。墓主人的棺材为内外两重，外棺规模宏大，棺身用青铜为骨架，镶嵌木板，外表涂漆施彩。内棺的盖板和壁板呈弧形，表面画有繁复的花纹。在墓内发现21座殉葬棺，其中东室8具，西室13具，殉葬者均为年轻女性。该墓出土各类器物15400余件，仅青铜器一类总重量就达10吨左右。曾侯乙墓出土的文物量多物美，不胜枚举，我们仅扼要介绍数种：

1．青铜礼器组合

青铜礼器组合为九鼎八簋，这是诸侯王所用的礼器组合标准，鼎为楚式升鼎（图423）。簋为方座，四面各有一缺口，莲花盖，双耳为攀附于腹部的两龙（图424）。方座簋自西周早期出现，一直延续到战国时期。自春秋早期楚武王以后，随国就成了楚的附庸国，直至战国中期楚声王时曾国还存在着，曾文化受楚文化的影响巨大。

图423　升鼎

图424　簋

2．编钟

编钟共65件，其中一件为楚惠王熊章赠送给曾侯乙的镈，上有铭文，时间为楚惠王五十六年(公元前433年)。据此可推测曾侯乙下葬时间可能就在这一年，这同时也证明曾侯乙墓的时代属于战国早期，曾侯乙墓出土的器物是战国早期的断代标准器物群。编钟总重量2500余千克，这是目前我国发现的最大的一套编钟（图425)。钟分为钮钟、甬钟、镈三类，分三层悬挂在曲尺形钟架上。编钟音域宽广，包括五个半八度，可以演奏世界上任何一首乐曲，音色优美动听，这说明战国时期我国乐器制作水平就达到了相当高的水平。

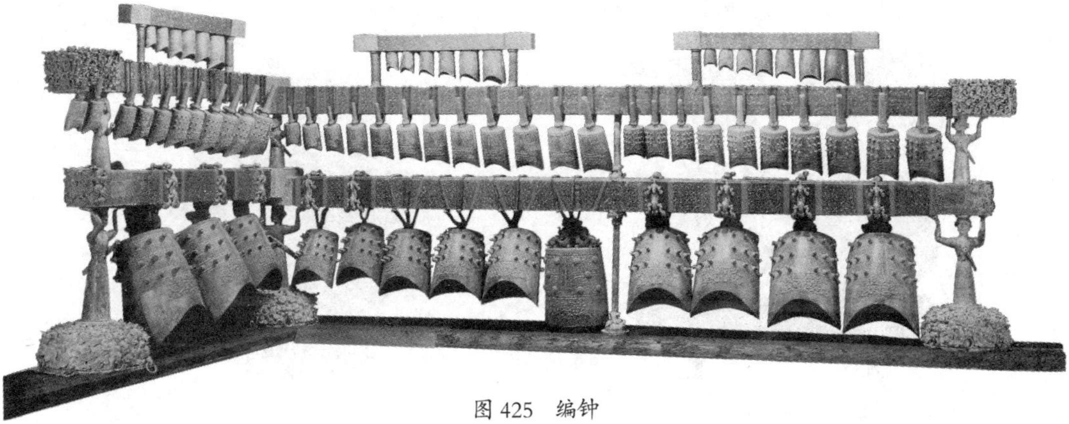

图425　编钟

3．尊盘

尊盘由尊和盘组合而成，尊口沿和盘口上的透空装饰是用失蜡法铸造工艺做成的，不过也有学者认为是用范铸法焊接而成的，学术界尚未定论。与淅川下寺出土的铜禁相比，其技术更加娴熟，造型技术和铸造工艺都达到了炉火纯青的程度。在所有的商周青铜器中，这种尊盘是一件令人叹为观止的杰作(图426)。

图426　尊盘

4．方鉴

横断面呈正方形，竖身直口，方唇，深腹，圈座附四兽形足。鉴内放置一件方尊缶。器盖盖面中空，正好套在方尊缶的颈部。鉴身的四面和四角，共有八个拱曲攀伏的龙形耳钮（图427)。尊内装酒，鉴内放冰。方鉴是一件冰酒的器具，这就是古代的“冰箱”。

图427　方鉴

5．联禁大壶

两件相同的壶放置在一铜禁上。壶盖隆起，顶有一衔环的蛇形钮，盖沿外套装一件饰T形勾连纹的镂空盖罩。壶颈两侧攀附拱屈的龙形耳，龙头上装饰圆雕的两小龙，龙尾上又附饰一小龙。腹部饰三周横带和四条纵带。颈部饰内填蟠螭纹的蕉叶纹，颈部、腹部、盖面、龙耳和圈足均饰蟠螭纹（图428）。

6．大尊缶

出土两件，两件分别重292千克、327.5千克。它是两周时期最大的储酒器（图429）。

图428　壶

图429　尊缶

（图423~图429　湖北曾侯乙墓出土的青铜器）

二、战国中期青铜器

战国中期的青铜器，南方以湖北江陵天星观1号墓、2号墓，荆门包山2号墓，江陵望山墓出土的为代表，北方以河北平山中山国都城遗址和中山王墓出土的为代表。

（一）湖北江陵天星观1号墓、2号墓，荆门包山2号墓，江陵望山楚墓出土的青铜器

江陵天星观1号墓的墓主人为邸阳君番勅，2号墓墓主为其夫人，时代属战国中期。楚国贵族可分为四层：第一层为楚王；第二层为封君，相当于卿，如下寺2号令尹子庚墓，天星观1号墓，临澧九里1号墓；第三层为大夫，可分为上大夫和下大夫，上大夫如包山2号墓，长台关1、2、7号墓，牛形山1、2号墓，下大夫如望山1、2号墓；第四层为士，士又可分为元士和下士。

荆门包山2号墓墓主人为邵舵，属楚国王族，官职为左尹，主管司法工作，身份属于上大夫级，比封君低。下葬时间为公元前316年，时代属战国中期。

江陵望山1号墓墓主为邵固，男性，为楚国王族，身份为下大夫。2号墓为女性，身份与1号

墓主相当。时代均为战国中期偏晚。这些贵族墓葬出土了许多青铜器，现举典型器物如下：

1．升鼎

包山2号墓出土2件。敛口平沿，方耳外撇，束腰平底，截面为半圆形的三蹄足外撇，腹外有三只爬兽（图430）。与下寺升鼎相比，显得粗糙简单。

2．牛镭鼎

包山2号墓出土。微敛口，折沿方唇，方形附耳外撇，深腹，最大径在下部，平底。三兽蹄足较高，截面呈椭圆形。腹部饰一周凸弦纹（图431）。

3．螭钮鼎

包山2号墓出土2件。盖较平，盖面中部有一套环钮，外圈有三螭钮。敛口，深腹较直，平底，方形附耳，三兽蹄足较高，截面呈六棱形。盖和腹各饰两周凸弦纹和变形云纹（图432）。

4．环耳环钮鼎

包山2号墓出土。弧形盖隆起，中部有套环钮，外圈有三个环钮。子口内敛，扁圆腹，平底。环形附耳，三兽蹄足较高，截面为六棱形或八棱形。盖饰两周凸弦纹，腹饰一周凸弦纹（图433）。

5．环耳牛钮鼎

包山2号墓出土。弧形盖隆起，中部有套环钮，外圈有三个卧牛钮。子口内敛，扁圆腹，底微圜，环形附耳，三兽蹄足较高，截面呈八棱形（图434）。

图430　升鼎

图431　鼎

图432　鼎

图433　鼎

图434　鼎

图435　鼎

图436　敦

图437　壶

图 438　尊缶

图 439　铜人擎灯

图 440　人骑骆驼铜灯

图 441　樽

（图 430~ 图 441　湖北江陵天显观、望山和荆门包山出土的青铜器）

6．方耳牛钮鼎

包山 2 号墓出土。弧盖，中部有套环钮，外圈有三个卧牛钮。子口内敛，方形附耳，扁圆腹，平底。三兽蹄足较高，截面为八棱形（图 435）。

7．敦

出自秭归斑鸠窝。球形，由盖、身两个同大的半球合成。盖、身各有三个昂首兽钮、足，口沿两侧各有一对环钮（图 436）。

8．壶

包山 2 号墓出土。弧形盖，上饰三扁钮。侈口，长颈微束，溜肩，上腹鼓，圈足较高。肩上有对称铺首衔环（图 437）。

9．尊缶

包山 2 号墓出土。平盖，上有四环钮。敛口，溜肩，鼓腹，矮圈足，上腹有四个环钮（图 438）。

10．铜人擎灯

出自包山 2 号墓，由灯盘、柱、铜人、底座组成。铜人头挽右髻，宽额圆脸，右衽深衣，长袍及地，站立于方座之上，右手执握花瓣形灯座，上插一带柱圆形灯盘（图 439）。

11．人骑骆驼铜灯

出自望山 1 号墓，由灯盘、柱、人、骆驼、底座组成。底座为长方形，座上站立着一只骆驼，昂首垂尾，人坐于驼峰间，上身挺直，双手擎捧一圆形灯座，座上插一长柄圆形灯盘（图 440）。

以上这两件作品造型生动，富有生活情趣，是难得的青铜工艺珍品。

12．樽

温酒器或盛酒器。望山 2 号墓出土。有盖，盖上有四钮。器身圆形，直壁，腹部有兽衔环一对，下有三兽蹄足（图 441）。

（二）河北平山中山国都城遗址和中山王墓出土的青铜器

中山国是由白狄建立的国家，春秋时期称为鲜虞，战国时期称为中山，文化上与中原基本一致，又保留了一定的游牧民族色彩。在河北平山县三汲公社发掘了一处战国城址，应是中山国都城古灵寿城，还发掘了两座中山王墓，即1号墓和6号墓。1号墓是中山王譽墓，下葬时间为约公元前310年。

1．中山王譽鼎和中山王譽方壶

出自1号墓。铭文分别为469字和450字，铭文提到公元前314年燕王哙让位于相国子之所引起的燕国内乱，以及齐国乘机攻燕、王哙与之俱死一事。王譽以此告诫嗣王，不要让燕国事件在中山国重演。铭文还记载了中山国国王的世系，是研究中山国历史的宝贵资料。铭文系用刀刻而成，刀法娴熟，字体俊秀，排列整齐，布局严整，是战国时期的书法艺术杰作（图442、图443）。

2．错金银四龙四凤方案

出自1号墓。底座以四卧鹿为足，底座上四龙四凤相互纠结，龙张口，凤昂首，每一龙头上顶一斗拱，上承方案。该器造型优美，铸造技术高超（图444）。

3．虎噬鹿插座

出自1号墓。老虎异常凶猛，小鹿拼命挣扎，艺术家将二者的神态表现得惟妙惟肖、栩栩如生（图445）。

❶

❷

❸

❹
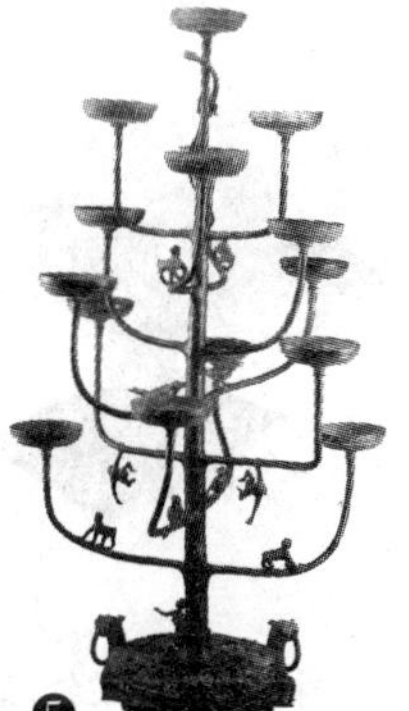
❺

❻

❶图442　中山王譽鼎
❷图443　中山王譽方壶
❸图444　错金银四龙四凤方案
❹图445　虎噬鹿插座
❺图446　十五连盏灯
❻图447　山字形器

（图442~图447　河北平山出土的中山国青铜器）

4. 十五连盏灯

出自1号墓。整体似一棵大树，树上群猴戏耍，鸟雀争鸣，树下两人抛食喂猴，群猴则伸手接食。该器既是一件实用器皿，又是一件艺术佳作（图446）。

5. 山字形器

1号墓出土5件，6号墓出土6件。它是中山国国家标志性的器物（图447）。

三、战国晚期青铜器

战国晚期青铜器以李三孤堆楚墓为代表。李三孤堆位于安徽寿县，一般认为是楚幽王墓。1933年被盗掘文物数千件，1935年又被盗掘文物数百件，1938年被军阀李品仙彻底洗劫。根据专家调查复原，椁分9室，墓室面积约160平方米。出土铜器100余件，仅铜鼎30余件，其中有升鼎9件。

1. 铸客鼎

出自楚幽王墓。通高113厘米，口径87厘米，重400多千克，是东周时期最大的鼎（图448）。

2. 升鼎

束腰，方形附耳，兽蹄足，腹部攀附四条龙（图449）。

3. 匜鼎

附耳，在匜下面安装三个兽蹄足，自名为“匜鼎”（图450）。

4. 铸客簠

直腹大于斜腹（图451）。

5. 攫蛇铜鹰

方形铜板底座，鹰爪紧紧攫住一条蛇，蛇则奋力扭动身躯，欲挣脱被鹰抓住的厄运（图452）。艺术家观察到两种动物搏斗的场面，以高超的艺术手法再现了这一生动情景。

图448 铸客鼎

图449 升鼎

图450 匜鼎

图451 铸客簠

图452 攫蛇铜鹰

（图448~图452 安徽寿县李三孤堆楚墓出土的战国晚期青铜器）

下　篇
瓷器

第十三章　中国瓷器概论

第一节　原始青瓷和瓷器

一、原始青瓷

原始青瓷是用高岭土烧制胎，外表饰石灰釉，在1200℃高温下烧制而成的。胎体烧成后呈灰白色或褐色，击之可发出清脆声。石灰釉是用石灰石粉碎后加适量的黏土配置而成的。以钙的氧化物为主要助熔剂，三氧化二铁为主要着色剂，在还原焰中可烧成青绿色，在氧化焰中可烧成黄绿色或灰青色。青釉透明，表面有玻璃质层。胎与釉结合紧密，不吸水或吸水率低。目前考古发掘证明，至迟在商代早期我国就已经发明了原始青瓷，在郑州商城二里冈下层文化遗址和湖北黄陂盘龙城商代中期墓葬中均出土了原始青瓷，在商代晚期都城河南安阳殷墟、辉县琉璃阁，山东济南大辛庄、益都，河北藁城，江西清江吴城等地也都有出土。

原始青瓷的发明是在长期烧制陶器的基础上产生的，史前陶器特别是山东龙山文化的黑陶已经达到了相当高的水平，有的黑陶杯薄如蛋壳。

二、瓷器

瓷器是以瓷土为原料，经过配料、成型、挂釉、干燥、焙烧等工艺流程制成的器物。烧成温度1300℃以上，胎体烧结后呈白色或灰白色。致密坚硬，扣之能发出清脆的铿锵之声。胎釉结合细密，釉层不易剥落，几乎不吸水。

瓷土由高岭土、长石、石英等组成，主要成分为二氧化硅、三氧化二铝，并含有少量的氧化铁、氧化钛、氧化钙、氧化镁、氧化钾、氧化钠等。

第二节　瓷器的烧成工艺

一、瓷窑的形制

(一) 按照瓷窑的形制分类

瓷窑是从陶窑中分化出来的，按照瓷窑的形状可分为馒头窑、龙窑、阶级窑、葫芦窑、蛋形窑。最流行的是馒头窑和龙窑，北方平原地区盛行馒头窑，南方山区、半山区依山就势建造龙窑。

1. 馒头窑

馒头窑外形穹隆顶近似馒头，故名。由窑门、火膛、窑室、烟囱等部分组成，在生土层中掏挖修制或者用坯、砖砌筑而成。始于西周晚期，延续至今。馒头窑有利于控制升温和降温的速度，保温性能好，适于焙烧胎体较厚、高温下釉黏度较大的瓷器。缺点是升温、降温均慢，烧成时间较长，并且窑内温度分布不匀，易出次品。

2. 龙窑

龙窑因窑的外形似龙而得名。用黏土、砖坯或砖依山坡建造而成，由窑门、火膛、窑室、排烟孔组成。龙窑出现于商代，东汉时期已经分化出专门烧瓷器的龙窑，延续至今。龙窑的长度一般随历史的发展越来越长，如东汉龙窑长约 5 米，三国时期长逾 10 米，隋唐时期长 20～30 米，宋元时期有的长达 130 多米。龙窑建筑方便，装烧量大，产量高。升温快，降温也快，容易维持还原气氛，适合于焙烧胎体较薄、高温下黏度较小的石灰釉瓷器，所以有人说龙窑是青瓷的摇篮。

3. 阶级窑

阶级窑出现于明代福建德化窑，由宋元时期的分室龙窑发展而成。以砖等材料依山坡建筑，山坡倾斜度 21° 左右。由窑门、火膛、若干个室和烟囱组成。各室依次相连，一室比一室高，形成层层阶级，故名阶级窑。阶级窑的每一个窑室是一个馒头窑，整体而言又是一个龙窑。既有龙窑装烧量大、产量高的长处，又有馒头窑容易控制升降温速度等优点，并能充分利用前一室的余热，节省燃料。它适合烧制德化窑白釉瓷器等含氧化钾成分较高、釉在高温下黏度较大的瓷器。

4. 葫芦窑

葫芦窑形如卧地葫芦，故名葫芦窑。由窑门、火膛、前室、后室、烟囱等构成。葫芦窑由龙窑发展而来，适合烧制氧化钾含量较高、釉在高温下黏度较大的瓷器。

5. 蛋形窑

蛋形窑因形似卧在地上的半个鸡蛋而得名。明末清初出现于景德镇，由葫芦形窑发展而来。以砖等材料砌筑，由窑门、火膛、窑室、护墙和烟囱等部分构成。蛋形窑结构合理，设计科学，砌筑材料造价低廉，施工方便，装烧量大，适合于多种坯釉，一窑内装入多类瓷器品种可同时烧成。蛋形窑以柴作燃料，烧成时间短，单位耗柴量低，产品质量好。它不仅对清代景德镇瓷器手工业的发展起了重要作用，对英、德等国的瓷窑也产生了重大影响。

（二）按照瓷窑的火焰调节方式分类

按照对火焰的走向调节方式可分为直焰窑、平焰窑、半倒焰窑、倒焰窑。

1. 直焰窑（升焰窑）

直焰窑也叫升焰窑。火焰由火膛进入火道，然后经火眼进入窑室，从室底往上升，流经坯件，烟由窑室顶部的排烟孔排出窑外。

2. 平焰窑

平焰窑的火焰在窑内与窑身平行流动，如龙窑即属平焰窑。

3. 半倒焰窑

半倒焰窑的火焰由火膛斜直喷向窑室顶部，由于设在后壁下部的排烟孔和烟囱的吸引，倒向窑室后半部，烟则由排烟孔进入烟囱，排出窑外，如馒头窑。

4. 倒焰窑

倒焰窑的窑室底部用砖砌成等宽的烟道，烟道通过后壁下部的排烟孔，与烟囱相通。在烟道上横铺一层砖，砖与砖之间相隔烟道宽的距离，窑底构成一个较密的吸火孔网。火焰从火膛斜直喷向窑室顶部，然后全部倒向窑底，流经坯件，由吸火孔进入烟道，烟由烟囱排出。

二、装烧方法

瓷器有多种装烧方法，包括支烧、叠烧、正烧、覆烧、匣钵单烧、套烧、对口烧等。

1. 支烧：为了避免入窑坯件在窑底“低温带”生烧致废，并防止窑底砂尘污染釉面，使烧成物位于最佳位置，需用窑具支托坯件，称为支烧。

2. 叠烧：与单件装烧相对。多件器物通过支烧或垫烧，将窑具堆叠起来，直接放在垫柱上或匣钵内装烧。可分为支钉叠烧、垫饼叠烧、托珠叠烧、砂堆叠烧等。

3. 正烧：又称仰烧。坯件口向上放在垫具上，装入匣钵入窑焙烧。

4. 覆烧：把坯件反扣在窑具上裸烧或装入匣钵入窑焙烧。

5. 匣钵单烧：一件匣钵只烧一器。

6. 套烧：为了充分利用窑室空间，按器物大小，装在相应的匣钵里，入窑焙烧。

7. 对口烧：瓷器坯体或匣钵一仰一覆口缘扣合在窑炉中焙烧。

三、氧化气氛和还原气氛

瓷器坯件在整体烧成过程中，均在充分供给氧气的情况下加热升温，直至烧成，这种烧成气氛称为氧化气氛。

瓷器在高温阶段的某一温度范围内处于缺氧加热烧成的状态，这种烧成气氛称为还原气氛。

第三节　瓷器的施釉工艺

一、施釉工艺

施釉是指在成型的陶瓷坯体表面施以釉浆，又称上釉、挂釉、罩釉。施釉工艺是制瓷业的一个重要环节，施釉方法有蘸釉、荡釉、浇釉、刷釉、吹釉、喷釉、洒釉、轮釉等多种。

二、施釉工艺举例

1. 蘸釉

蘸釉是将坯体浸入釉浆中片刻后取出，利用坯体的吸水性，使釉浆均匀地附着于坯体表面。釉层厚度取决于坯体的吸水率、釉浆浓度和浸入时间的长短。一般用于厚胎坯体及杯碗类制品。

2. 荡釉

荡釉又称荡内釉，把釉浆注入坯体内部，然后将坯体上下左右旋荡，使釉浆满布坯体，再倾倒出多余的釉浆，随后将坯体继续回转，使器口不留残釉。荡釉不能多过两次，否则容易出气泡。荡釉适用于口小而深的制品，如壶、瓶等的内壁上釉。

3. 浇釉

浇釉的方法是在盆中架放一木板，将坯体放在木板上，用勺或碗舀取釉浆泼浇器物。

4. 刷釉

刷釉又叫涂釉，用毛笔或刷子蘸取釉浆涂在器体表面。刷釉法多用于长方有棱角的器物或需是局部上釉、补釉的器物以及同一坯体上需施几种不同釉料等情况。

5. 吹釉

吹釉是用一节小竹管，一端蒙上细纱蘸取釉浆，对准器坯应施釉部位，用嘴吹竹管另一端，釉浆即通过细纱孔附着在器坯表面。如此反复进行，即可得到厚度适宜的釉层。

6. 洒釉

洒釉又称洒彩。在坯体上先饰一种釉，然后将另一种釉料洒散其上，使两种釉色产生网状交织、线面对比、方向变化的纹理。

7. 轮釉

轮釉是将坯体放在旋转的轮上，用勺舀取釉浆倒入坯体中央，利用离心力的作用，使釉浆均匀地散开而附着在坯体上，多余的釉浆飞散到坯外。

第四节　瓷器的装饰工艺

瓷器的装饰工艺有划花、珍珠地划花、刻花、刻填花、印花、剔花、彩绘、点彩、贴花、剪纸贴花、分水、镂空、堆塑等。

1. 划花

划花是在半干的器物坯体表面以竹、木、铁扦等工具浅画出线状花纹，然后施釉或直接入窑焙烧。

2. 珍珠地划花

珍珠地划花是在已成型的、呈色较深的器胎上饰一层薄薄的白色化妆土，以尖状工具画出装饰纹样，再以细竹管或金属细管在纹样以外的空隙印出珍珠般的小圆圈，罩透明釉后入窑高温焙烧而成。刻花是在尚未干透的器物坯体表面以铁刀等工具刻制出花纹，然后施釉或直接入窑焙烧。

3. 刻填花

刻填花又叫刻花填色，是在器物的坯体表面或饰釉坯体釉面以刻刀刻出花纹，再将色泥或白彩浓汁填在花纹凹线内，然后入窑烧制。

4. 印花

印花是以有花纹的陶瓷质料的印具，在尚未干的器物坯体上印出花纹，或用有纹样的模子制坯，直接在坯体上留下花纹，然后入窑或施釉入窑烧制。

5. 剔花

剔花是先在器物坯体表面施釉或施化妆土，并刻画出花纹，然后将花纹以外的釉层或化妆土剔去，露出胎体，施化妆土者罩以透明釉。器物烧成后，釉色、化妆土与胎地形成对比，花纹具有浅浮雕感。

6. 彩绘

彩绘用毛笔蘸各种颜料，在陶瓷器上描绘纹饰。瓷器彩绘分釉下彩和釉上彩两种。釉下彩绘是用颜料在坯体上绘画花纹，然后施釉入窑经高温一次烧成。釉上彩绘是用颜料在施釉后高温烧过的器物釉面上绘画，然后再入窑以600℃～900℃的低温烘烧。

7. 点彩

点彩是将褐彩点绘在瓷器的釉面上，入窑高温一次烧成。

8. 贴花

贴花是将模印或捏塑的各种人物、动物、花卉、铺首等纹样的泥片用泥浆粘贴在已成型的器物坯体表面，然后施釉入窑焙烧。

9. 剪纸贴花

剪纸贴花是将民间剪纸艺术与瓷器装饰相结合的一种独特技法。先在坯体上施一层含铁量高的釉，贴上各种图案的剪纸，然后再施一层含铁量低的釉，揭掉剪纸，入窑高温烧成。在色彩斑斓的浅褐色窑变釉地上呈现出酱褐色剪纸纹样。

10. 分水

分水是绘制青花的一种工艺，出现于清康熙年间。青花绘制有勾线与染色的分工。画面勾线后，用混入适量料水的青花料染色，根据画面需要，将青花料调成不同的浓淡，分成5种、7种甚至9种色阶。康熙青花用分水技法描绘的花纹具有很强的立体感。

11. 镂空

镂空是在器物坯体未干时，将装饰花纹雕通，然后直接或施釉入窑烧制。

12. 堆塑

堆塑是将以手捏或模制的立体人物、动物、亭阙等密集而又有规律地贴在器物坯体上，然后直接或施釉入窑烧制。

第十四章　东汉、三国、两晋、南北朝时期瓷器

第一节　瓷器概况

一、东汉晚期瓷器的成熟

中国瓷器成熟于东汉晚期。在浙江、江西、河南、湖北、湖南、安徽、江苏等地的墓葬和遗址中发掘出土了东汉时期的青瓷标本，以浙江、江西发现的最多。除青瓷外，还在浙江、湖北、江苏、安徽等地发现了黑釉瓷器。

浙江上虞小仙坛窑址出土的标本瓷质光泽，胎体透光性较好，已完全烧结，显气孔率和吸水率降低，分别为 0.62% 和 0.28%，烧成温度达到 1260℃～1310℃，抗弯强度达到 710 千克 / 平方厘米。通体玻璃质釉，透明度增强，胎釉结合紧密、牢固，胎釉交界处可看到相当多的斜长石晶体自胎釉生成并形成一个密合层，使釉层不易剥落。

但东汉瓷器还比较粗糙，泥料的选择、坯泥的捏炼也都欠精，还存有少量的云母残骸和杂质。东汉瓷器的造型和装饰艺术都与原始青瓷有着密切的联系。出土的瓷器主要有四系青瓷罐、五联罐、碗、盏、盘、钵、盆、洗、壶、锺、罍、瓿等，装饰花纹主要为弦纹、水波纹、贴印铺首等。

二、三国、两晋、南北朝时期瓷器的发展

三国、两晋、南北朝时期，分布于今浙江余姚、上虞等地的越窑，是当时生产瓷器的主要窑场。江苏宜兴有均山窑，浙江温州有瓯窑，浙江金华有婺州窑，以上窑场均生产青瓷。青釉始见于商代中期，均以铁为着色元素，以氧化钙为主要助熔剂，釉内氧化铁含量的多少与釉色的深浅成正比，含铁量高，呈色即深。早期瓷器均属青釉系统，因为在所有制瓷原料中都含有一定量的铁的成分，这些含铁的坯釉经过还原焰烧成后，便呈现深浅不同的青色。

浙江德清有德清窑，兼烧黑瓷和青瓷。黑瓷最早的标本见于 1977 年发现的浙江上虞东汉晚期窑址。黑釉主要呈色剂为氧化铁及少量或微量的锰、钴、铜、铬等氧化着色剂，加重铁釉着色，就会烧成黑瓷。

长江中上游的湖南、湖北、江西、四川等地烧造瓷器的时间稍晚于长江下游的江浙地区。湖北、湖南、江西在三国时期开始烧制青瓷，四川在南北朝时期已普遍烧制青瓷。

北朝时期，北方受南方青瓷的影响，在北魏时期即已开始烧制青瓷。北方黑瓷出现的时间比南方晚约300年，河北赞皇东魏李希宗墓中出土了北方最早的黑釉瓷器。

北齐时期北方开始烧制白瓷。在河南安阳北齐武平六年（575年）范粹墓内首次发现了早期白瓷，有碗、杯、三系罐、四系罐、长颈瓶等。白瓷的烧制是我国制瓷业的一次飞跃，是陶瓷发展史上新的里程碑。白瓷和青瓷也是有联系的，工匠们在长期的实践中发现，控制并逐渐减少胎、釉中的含铁量，就能烧制出白瓷。

第二节　瓷器举例

1. 东汉青釉四系罐（图453）

直口，鼓腹，平底，肩部有四钮。

2. 西晋青釉堆塑谷仓罐（图454）

谷仓罐又称谷仓、丧葬罐、魂瓶。该器1978年出土于浙江慈溪鸣鹤瓦窑头西晋墓，罐上部堆塑豪门贵族生前居住的城堡式楼阁，在庄园门前有歌舞伎乐俑，还有飞鸟、牲畜等。

3. 西晋青釉盘口壶（图455）

口沿上折，口形似盘，有颈，球形腹，平底。西晋的盘口壶颈较短，腹较胖。

4. 西晋青釉虎子（图456）

形状似虎，故名，为溺器。西晋虎子呈卧虎状，昂首，四足屈蹲，背部有一提梁。

5. 东晋青釉鸡首壶（图457）

器形似盘口壶，但在肩部一侧安一鸡首形流，相对一侧安一提梁。东晋时期的鸡首壶颈部比西晋时期变长。

6. 北朝青釉仰覆莲花尊（图458）

属与佛教题材有关的器物。侈口，长颈，溜肩，鼓腹，外撇高圈足。肩部有六个直系，器身满布堆塑的上覆下仰的层层莲花瓣，其间还贴塑飞天与珠宝纹。

图453　东汉青釉四系罐

图454　西晋青釉堆塑谷仓罐

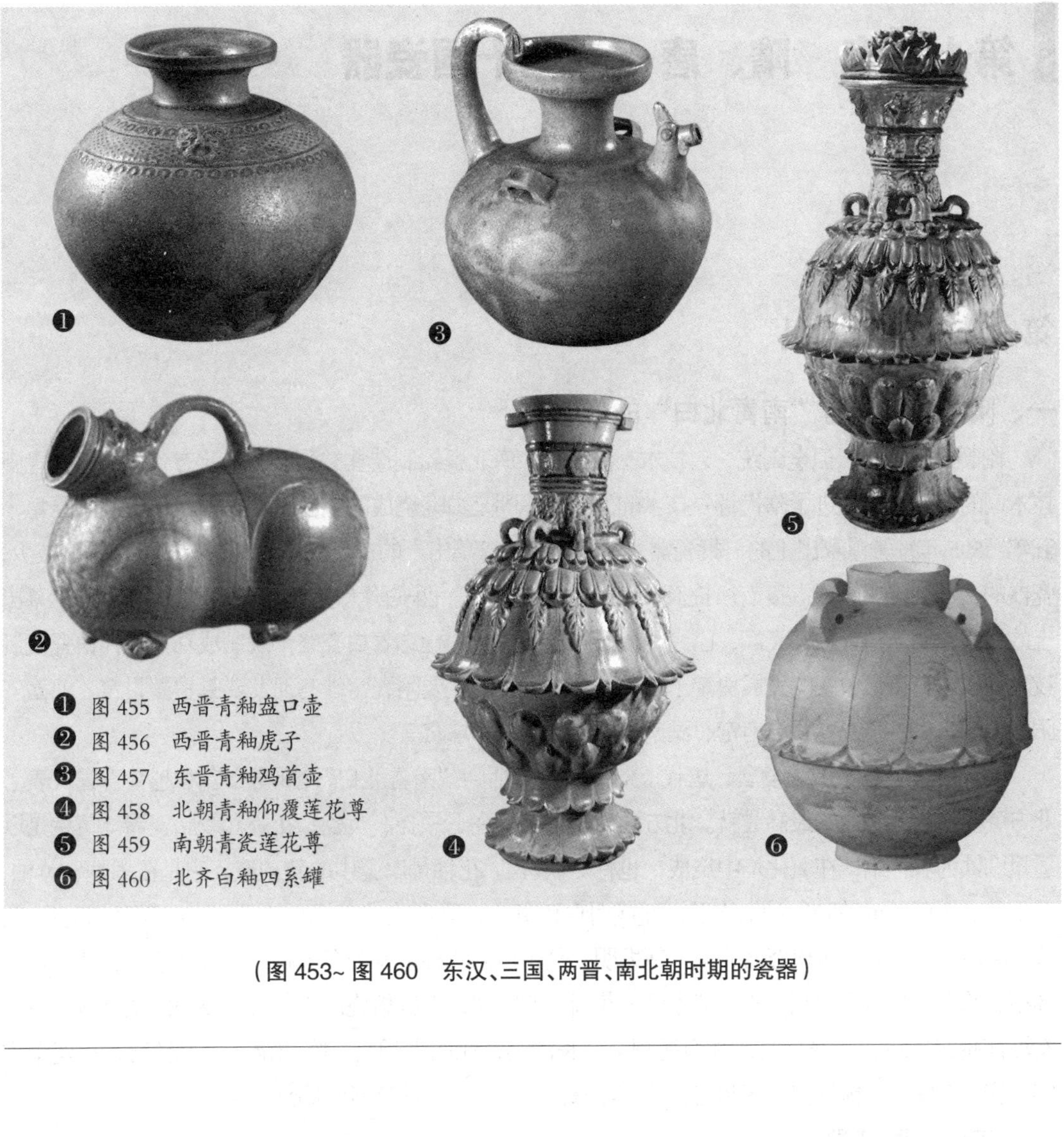

❶ 图 455　西晋青釉盘口壶
❷ 图 456　西晋青釉虎子
❸ 图 457　东晋青釉鸡首壶
❹ 图 458　北朝青釉仰覆莲花尊
❺ 图 459　南朝青瓷莲花尊
❻ 图 460　北齐白釉四系罐

（图 453~ 图 460　东汉、三国、两晋、南北朝时期的瓷器）

7．南朝青瓷莲花尊（图 459）

出土于南京灵山梁代墓葬。有盖，喇叭口，长颈，鼓腹，带圈足。盖顶呈方形，盖沿为莲瓣。颈部为模印贴花装饰，上段为飞天，中段为熊，下段为二龙抢珠。腹上部为两层模印双瓣覆莲、一轮贴花菩提和一组刻画瘦长的覆莲组成，下腹为一组双层单瓣仰莲，圈足由两层覆莲组成。

8．北齐白釉四系罐（图 460）

罐的肩部至腹部堆塑成宽肥的莲瓣作覆莲状，肩部有四系。

第十五章　隋、唐、五代十国瓷器

第一节　瓷器概况

一、隋、唐瓷器与“南青北白”的形成

隋朝虽很短暂，但全国统一，技术交流频繁，南北瓷器制造业并驾齐驱，北方青瓷与南方青瓷技术间的相互交流促进了隋代青瓷技术的发展。隋朝是白瓷烧成的重要时期，如河南安阳隋开皇十五年（595年）张盛墓出土的一批瓷器，就比北齐范粹墓出土的白瓷质量要高，胎釉中含铁量减少，瓷器的白度增加，烧成温度有所提高，瓷器的硬度增加。西安隋大业四年（608年）的李静训墓出土的白瓷胎质洁白、釉面光润，已经是标准的白瓷器，它标志着白瓷终于烧制成功。隋代白瓷烧制技术的成熟为唐代白瓷的发展奠定了基础。考古发现的主要隋瓷窑址有河北磁县贾壁村窑、河南安阳窑、河南巩县窑、安徽淮南窑、湖南湘阴窑、四川邛崃窑等。

唐朝制瓷业有了较大发展，唐代瓷器一般可概括为“南青北白”，邢窑白瓷和越窑青瓷代表了北方瓷业和南方瓷业的最高成就。北方同时还烧制青瓷、黑瓷、黄瓷、花瓷和绞胎瓷器。黄釉是以适量的铁为着色剂，在氧化焰中烧成，也称“铁黄”。花釉是唐瓷中的新创造，它是在黑釉、黄釉、黄褐釉、天蓝釉或茶叶末釉上饰以天蓝或月白色斑点，斑点或作有规则的排列，或任意加上几点，或呈波浪形。绞胎是唐代瓷器的又一新发明，是用白褐两种色调的瓷土相间糅合在一起，然后拉坯成型，胎上即具有白褐相间的类似木纹或花岗岩的纹理，上釉焙烧而成。考古发现的主要青瓷窑址有浙江越窑、瓯窑、婺州窑，湖南岳州窑、长沙窑，江西洪州窑、临川窑、景德镇窑，福建南安窑，广东潮安窑、梅县窑、高明窑，四川邛崃窑等。白瓷窑址有河北邢窑、定窑等。

二、五代十国瓷器

五代十国时期的制瓷业在唐代制瓷业基础上有了进一步的发展，浙江越窑和河北定窑是主要的烧瓷基地。李辉柄先生在《中国瓷器鉴定基础》中认为五代十国时期在制瓷工艺技术方面有三大进步：⑴对原料的加工更加精细，使烧成后的胎质更加细密，玻璃化程度高。⑵成型技术有所提高，器皿口沿常作花瓣形，盏托常常压边成荷叶形，执壶常起棱作瓜形，诸如此类，成型难度较大，说明五代时期在成型技术方面有新的突破，为北宋制瓷工艺的发展奠定了基础。⑶装烧技

术的改进更具开创性。通过改进炉窑结构，炉窑的还原气氛得到了较好的控制，五代时期的越窑青瓷出现了“秘色瓷”，北方白瓷呈色也更加稳定。使用匣钵装烧较唐代更为普遍，支烧技术明显改进，成功地烧成了满釉瓷器。

第二节　瓷器举例

1. 隋白釉双龙柄联腹传瓶（图461）

该器出自西安隋大业四年（608年）李静训墓。盘口，长颈，双腹并联，平底。从口至肩置对称双螭柄。自名为“传瓶”。

图461　隋白釉双龙柄联腹传瓶

2. 隋白瓷鸡首壶（图462）

该器也出自西安隋大业四年（608年）李静训墓。盘口，长颈，鼓腹，龙柄，鸡首。

3. 唐邢窑白釉执壶（图463）

侈口，长颈，管状流，带鋬，鼓腹，矮圈足。

4. 唐青釉凤首龙柄壶（图464）

又名凤首壶或龙凤壶。受波斯萨珊王朝金银器同类器的影响。凤首形盖，自口沿至底部安一龙形柄，侈口，细颈，鼓腹下垂，圈足，腹部贴着繁缛的花纹。

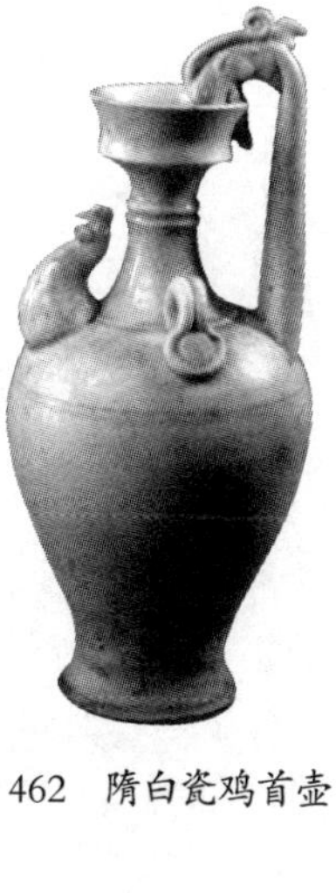

图462　隋白瓷鸡首壶

图463　唐邢窑白釉执壶

图464　唐青釉凤首龙柄壶

5. 唐长沙窑褐绿点彩执壶（图 465）

用含铁和含铜色料在胎上绘画，施釉后在高温氧化气氛中烧成，花纹呈褐、绿两色，长沙窑用此方法烧制的彩瓷属釉下彩。

6. 唐白釉蹄足砚（图 466）

隋唐时期流行多足砚，西晋时期出现三足砚，东晋时期出现四足砚，南朝时期流行六足砚。

7. 越窑青瓷执壶（图 467）

敞口，鼓腹，矮圈足。左前部有流，口肩之间有曲柄，肩部有对称双系。

图 465　唐长沙窑褐绿点彩执壶

图 466　唐白釉蹄足砚

图 467　越窑青瓷执壶

（图 461~ 图 467　隋、唐、五代十国的瓷器）

第十六章　宋、辽、西夏、金瓷器

第一节　瓷器概况

一、宋代瓷器

宋代是我国制瓷业历史上的一个繁荣时期，瓷窑数量多，分布广。著名的汝、官、哥、定、钧五大名窑就成名于这个时期。

汝窑在河南宝丰清凉寺，宝丰宋代属汝州，故称为汝窑。北宋后期元祐至崇宁年间为宫廷烧制御用青瓷器。主要器物有盘、碟、洗、瓶、樽、碗、盏托、水仙盆等。器物胎较薄，质地细腻，呈香灰色。釉以天青色为主，釉面匀净滋润，有细小开片。

北宋后期所设官窑在东京汴梁，即今河南开封。官窑被埋在开封地下，没有发掘。传世品与汝窑产品相似，釉色为粉青、月白，釉质晶莹润泽，釉面开片纹。

哥窑不见于宋代文献记载，元孔齐《静斋至正直记遗编》开始出现“哥哥洞窑”、“哥哥窑”。明人曹昭《格古要论》载：“旧哥哥窑出……色青、浓淡不一，亦有铁足紫口。色好者类董窑，今亦少有。成群队者，是元末新烧，土脉粗躁，色亦不好。”比《格古要论》晚一个世纪的嘉靖四十年（1775年）《浙江通志》反而记得更详细：“处州……县南七十里曰琉华山”，“山下即琉田，居民多以陶为业。相传旧有章生一、生二兄弟，二人未详何时人，至琉田窑造青器，粹美冠绝当世，是曰哥窑，弟曰生二窑……”嘉靖四十五年（1780年）刊刻的《七修类稿续编》记载：“哥窑与龙泉窑皆出处州龙泉县，南宋时有章生一、生二弟兄各主一窑，生一所陶者为哥窑，以兄故也，生二所陶者为龙泉，以地名也；其色皆青，浓淡不一；其足皆铁色，亦浓淡不一。旧闻紫足，今少见焉，惟土脉细薄，釉色纯粹者最贵；哥窑则多断纹，号曰百圾碎……”晚出文献比早出文献的记载更系统全面，但哥窑还是有许多谜团未解开。根据考古调查发掘，浙江龙泉窑中的一部分窑口因受官窑的影响，生产一种釉面满布碎片纹的青瓷。瓷器釉层开裂片纹，是由于胎体原料受热时膨胀系数大于釉层的膨胀系数，在瓷器烧成后冷却时，胎体将表面玻璃釉层拉碎，即为“百圾碎”。由于胎釉结合紧密，釉层不剥落，也不划手。

定窑窑址在河北曲阳涧磁村和东西燕山村。曲阳在宋代属定州，故名定窑。定窑创烧于唐，发展于宋，延续烧至金、元时期。定窑主要产品为白瓷，其他还有黑釉、酱釉、绿釉、白地褐花等品种。白瓷胎薄，色白质坚，釉白中泛牙黄色，因覆烧而形成无釉的芒口，釉面有泪痕。装饰方法有划花、刻花、印花。纹饰题材有莲瓣、龙凤、牡丹、莲池游鸭、婴戏、鸳鸯等。

钧窑在河南禹县的八卦洞、钧台、神垕镇等地，烧瓷时间从唐至元，约有600年的历史。钧窑属北方青瓷系统，釉是以铜的氧化物为着色剂的乳浊釉，釉色为天蓝、月白、玫瑰紫、海棠红等。钧窑以铜的氧化物为着色剂，在还原气氛下烧制成功铜红釉，是我国陶瓷工艺史上的一个创举。

各地名窑产品各具特色，周围地区瓷窑竞相模仿，形成一个个瓷窑体系。按照瓷器特点，北宋瓷窑可分为北方的定窑系、耀州窑系、钧窑系、磁州窑系，南方的龙泉青瓷系、景德镇的青白瓷系。

定窑系窑口包括河北定窑，山西平定窑、盂县窑、阳城窑、介休窑，四川彭县窑。

耀州窑系窑口包括陕西耀州窑，河南临汝窑、宜阳窑、宝丰窑、新安城关窑、内乡大窑店窑，广州西村窑，广西永福窑。耀州窑兼烧黑釉、青釉、白釉瓷器。

钧窑系窑口包括河南禹县钧窑、临汝东沟窑。

磁州窑系窑口包括河北磁州窑，河南修武当阳峪窑、鹤壁集窑、禹县扒村窑、登封曲河窑，山西介休窑，江西吉安吉州窑。以河北磁县观台窑最具代表性，观台窑以烧多种彩瓷见长，有白釉划花、白釉剔花、白釉绿斑、白釉褐斑、白釉釉下黑彩、白釉釉下酱彩、珍珠地划花等。

龙泉青瓷系窑口主要分布在浙江龙泉瓯江两岸，旁及邻近各县如遂昌、庆元、元和等，南宋晚期至元代，扩大到江西和福建的许多窑场。龙泉窑主要烧青瓷，釉色为粉青、梅子青，胎洁白细腻。主要器物有盆、碗、盘、碟、洗、炉、瓶、渣斗、壶等。花纹以刻纹、划纹为主，有蕉叶、云纹、鱼纹、莲瓣纹等。

景德镇的青白瓷系窑口包括江西景德镇窑、南丰白舍窑、吉安吉州窑，广东潮安窑，福建德化窑、泉州碗窑、乡窑、永春窑、安溪窑、同安窑、南安窑。青白瓷是以景德镇窑产品为代表的一类瓷器，釉色介于青白之间，也称“影青”。青白釉瓷器始创于北宋前期，胎骨洁白，釉质细薄，晶莹润泽，质感如玉。

二、辽、西夏、金瓷器

辽、西夏、金政权所辖范围内的制瓷业都有一定的发展，是中国瓷器史的重要组成部分。辽瓷与宋瓷关系密切，辽瓷吸收了定窑和磁州窑的白瓷烧制技术，东北地区的瓷窑多烧制带有北方草原民族特点的器物，如皮囊壶、鸡冠壶等。金瓷吸收了辽瓷、宋瓷的优点，瓷器质量进一步提高。西夏瓷器受磁州窑系影响较大，最大的制瓷窑址是宁夏灵武瓷窑堡窑址。

第二节　瓷器举例

1. 北宋定窑白釉刻花净瓶（图 468）

佛教僧侣“十八物”之一，游方僧可随身携带以贮水或净手。源自印度。

2. 宋定窑刻花玉壶春瓶（图 469）

侈口，细颈，垂腹，圈足。因宋代诗句中有“玉壶先春”一词而得名。

3. 北宋青白釉香熏（图 470）

鼓腹，矮圈足，盖顶镂空。青白釉色温润如玉。

4. 宋定窑白釉孩儿枕（图 471）

枕体塑作伏卧童子形，以童子背为枕面。童子双目炯炯有神，两手枕于头部，右手持一结带绣球，两足交叉上跷。这件作品造型生动活泼，赏心悦目。

5. 北宋汝窑天青釉三足盘（图 472）

用玛瑙为釉，成分主要为二氧化硅，因含有铁等着色元素，对增加汝窑瓷器的特殊光泽有一定的作用。釉层匀净，釉面润泽，釉色青蓝，釉表有鱼鳞状的开片。

❶

❷

❸

❶ 图 468　北宋定窑白釉刻花净瓶

❷ 图 469　宋定窑刻花玉壶春瓶

❸ 图 470　北宋青白釉香熏

6. 北宋磁州窑黑彩鱼纹枕（图 473）

装饰过程是在成型的坯体上敷一层洁白的化妆土，用毛笔蘸氧化铁或含铁量较高的矿物斑花石颜料，描绘花纹，再施一层薄而透明的玻璃釉入窑烧制。

图 471　宋定窑白釉孩儿枕

图 472　北宋汝窑天青釉三足盘

❶

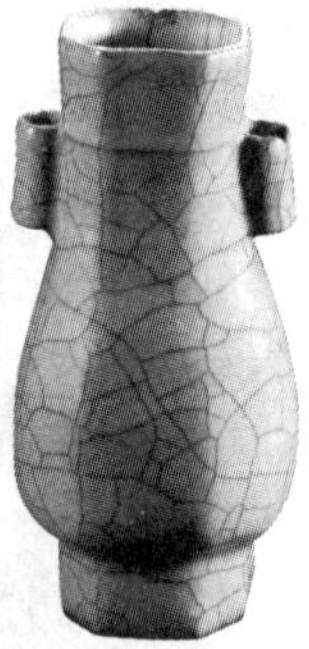

❷

❸

❹

❶ 图 473　北宋磁州窑黑彩鱼纹枕
❷ 图 474　南宋哥窑八棱贯耳瓶
❸ 图 475　南宋龙泉窑青釉琮式瓶
❹ 图 476　南宋官窑粉青釉弦纹瓶

7. 南宋哥窑八棱贯耳瓶（图 474）

直颈较长，腹部扁圆，圈足，颈部两侧对称贴竖直的管状贯耳。全身釉面开片。

8. 南宋龙泉窑青釉琮式瓶（图 475）

仿良渚文化多节玉琮而制。圆口，身呈方柱形，圈足。

9. 南宋官窑粉青釉弦纹瓶（图 476）

长颈，鼓腹，圈足。粉青釉属石灰碱釉的一种。铁的氧化物为主要呈色剂，还有少量的锰或钛。生坯挂釉，胎中带灰，入窑以1180℃～1230℃高温还原焰烧成。釉色粉润如玉。

10. 南宋龙泉窑梅子青釉盘（图 477）

釉色浓翠莹润，色如青梅，故名梅子青。釉为石灰碱釉，在 1250℃～1280℃的高温下以还原气氛烧成。

11. 辽白釉皮囊壶（图 478）

皮囊壶是模仿契丹族使用的各种皮囊而制成的，具有浓郁的北方草原民族特色。

12. 辽白釉剔花盘口长颈瓶（图 479）

盘口，长颈，溜肩，敛腹，平底。

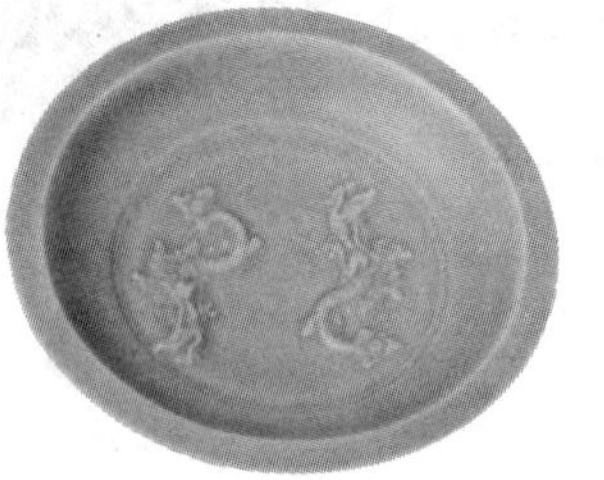

图 477　南宋龙泉窑梅子青釉盘

图 478　辽白釉皮囊壶

图 479　辽白釉剔花盘口长颈瓶

（图 468~ 图 479　宋、辽、西夏、金的瓷器）

第十七章　元朝瓷器

第一节　瓷器概况

元代制瓷业继续向前发展，生产规模普遍扩大。钧窑、磁州窑、霍窑、龙泉窑、德化窑等继续烧制各种传统品种。

景德镇窑在制瓷工艺上有新的突破，首先是胎质原料的进步，采用瓷石加高岭土的二元配方法，提高了烧成温度，减少了器物变形，因而能够烧造颇有气势的大型器。其次是青花、釉里红的烧成，使中国绘画技巧与制瓷工艺的结合更趋成熟，具有强烈中国气派与风格的釉下彩瓷器发展到一个新阶段。最后是颜色釉的成功，高温烧成的卵白釉、红釉和蓝釉，是熟练掌握各种呈色剂的标志，从而结束了元代以前瓷器的釉色主要是仿玉类银的局面。

“青花”是用含氧化钴的钴土矿为原料，在瓷胎上描绘纹饰，然后上透明釉，在高温还原焰下一次烧成，呈现蓝色花纹的釉下彩瓷器。“釉里红”是以铜红料为着色剂，在瓷胎上绘画纹饰，罩以透明釉，在高温还原气氛中烧成，使釉下呈现红色花纹的釉下彩瓷器。“卵白釉”又称“枢府釉”，是景德镇创烧的一种青白色釉，色泽白中微泛青，釉面透明度较弱，恰似鹅蛋壳，故名“卵白”。“红釉”是以含铜物质作着色剂，掺入釉中，使高温石灰釉在还原气氛中焙烧而成。“蓝釉”属高温石灰碱釉，掺入天然钴料作着色剂，在1280℃～1300℃窑内一次烧成。

第二节　瓷器举例

1．元青花云龙纹荷叶盖罐（图480）

盖呈荷叶形，鼓腹，平底，器体显得矮胖，腹部饰云龙纹。

图480　元青花云龙纹荷叶盖罐

2．元卵白釉枢府铭印花盘（图481）

白胎较薄，釉质细腻，色如鹅蛋青，失透光润，人称卵白釉。由于在印花纹饰中多出现“枢府”字样，人称

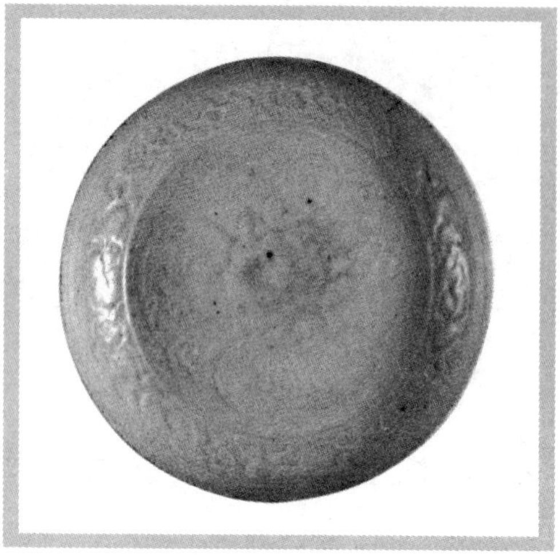

图 481　元卵白釉枢府铭印花盘

“枢府窑器”或“枢府瓷”，为元朝枢密院定烧的瓷器。

3. 元钧窑连座双耳瓶（图 482）

1972 年北京元大都遗址出土。花瓣形口，细长颈，双耳，鼓腹，瓶底连有镂空座。

4. 元釉里红开光祈雨图罐（图 483）

开光也叫“开窗”，在器物的显著部位以线条勾勒出圆形、方形、菱形、扇面形、云头形或花形等多种多样的栏框，框内绘各种图案，起到突出主题的作用。此法如古建筑上的开窗见光，故名。

5. 元蓝釉白龙纹梅瓶（图 484）

在通体蓝釉底色上，衬以白色龙纹，再罩透明釉高温烧成。

6. 元青花四爱图梅瓶（图 485）

“四爱图”是指王羲之爱鹅、爱兰，陶渊明爱菊，周茂叔爱莲，林和靖爱鹤。

7. 元青花历史故事图玉壶春瓶（图 486）

元代经常在青花瓷器上描绘历史故事图纹，如“周亚夫细柳营”、“萧何月下追韩信”、“蒙恬将军”、“三顾茅庐”、“尉迟恭单鞭救主”、“明妃出塞”、“薛仁贵阵营”等。此瓶图案为“蒙恬将军”。

图 482　元钧窑连座双耳瓶

图 483　元釉里红开光祈雨图罐

图 484　元蓝釉白龙纹梅瓶

图 485　元青花四爱图梅瓶

图 486　元青花历史故事图玉壶春瓶

（图 480~ 图 486　元朝瓷器）

第十八章　明朝瓷器

第一节　瓷器概况

明代制瓷业在元代基础上有了新的发展，景德镇是全国的制瓷中心，有民窑和官窑。官窑即御器厂，御器厂烧的瓷器专供宫廷使用。景德镇瓷器的主流是青花瓷器，永乐、宣德时期的青花瓷器胎质细腻，釉色浓艳，造型多样，纹饰优美。所用青料为郑和下西洋时从阿拉伯地区带回来的所谓“苏麻离青”，这种青料含锰量低，含铁量较高。含锰量低可减少青色中的紫、红色调，在适当的火候下，可烧出像宝石蓝一样的鲜艳色泽；又由于含铁量高，往往会在青花部分出现黑疵斑点，这种自然形成的黑斑和浓艳的青蓝色相映成趣，被视为无法模仿的永、宣青花瓷。

成化、弘治、正德时期的釉料杂用进口青料和国产青料。嘉靖、隆庆、万历初年的釉料将回青料与瑞州石子青配合使用。万历中期以后因回青料断绝而改用国产青料。国产青料石子青和平等青都产于江西。石子青又名无名子，产于明朝江西瑞州上高县等地。上高石子青含三氧化二铁5.38%、氧化锰29.87%、氧化钴4.15%，一般呈色蓝中带灰，清新雅致，个别明丽浓艳。平等青又名陂塘青，产于江西乐平一带，平等青含铁量少，呈色淡雅明丽，晕散不严重。

素三彩瓷器是明代正德年间制瓷工艺上的创新。素三彩的做法是在细白瓷胎上饰线刻花纹，烧成后涂一层色釉，干后将花纹部分的釉面刮去，在这些部位填绘花纹所需要的彩色，再入窑以低温烧成。色彩以黄、绿、紫为主，因不用红彩，故称“素三彩”。

明代瓷器创新的主要工艺一是宣德、成化斗彩，二是嘉靖、万历时期的五彩瓷器，后者也属于斗彩。斗彩是釉下青花和釉上彩色相结合的一种彩瓷工艺。釉下彩与釉上彩争奇斗艳，故名“斗彩”。斗彩工艺创始于宣德，发展于成化。过去一般认为斗彩始于成化，新的发现改变了这一观点。1984年，考古工作者在西藏日喀则萨迦寺发现了藏有书写“大明宣德年制”的斗彩鸳鸯莲花纹碗。1988年，景德镇陶瓷考古研究所在景德镇发掘珠山御窑厂时，发现了“大明宣德年制”的斗彩鸳鸯荷花盘。

五彩瓷器是釉下青花和釉上五彩相结合的瓷器。五彩是多种彩色的意思，并非五色。它属于釉上彩，主要着色剂是铜、铁、锰等金属盐类。基本色调以红、黄、绿、蓝、紫等彩料为主。根据画面要求，用不同彩料在釉上描绘花纹，然后在770℃～800℃的彩炉中二次焙烧，即是五彩瓷。明嘉靖、万历时期，制瓷工匠在成化斗彩的基础上发明了五彩工艺。斗彩与五彩既有联系又有区别，主要区别在于：斗彩以釉下青花为主，与釉上彩争奇斗艳；五彩则青花失去主调地位，青花仅作为一种色彩，与其他色彩组合成一幅多姿多彩的图案。

德化窑位于福建德化，是宋朝至清朝外销瓷的重要产地之一。明清时期烧制的产品质地坚硬，釉呈象牙白色，其中一类为佛教塑像，如如来、达摩、弥驼、观音等塑像，另一类为日常生活用品。

第二节　瓷器举例

1. 明洪武釉里红松竹梅纹尊（图487）

松、竹、梅不畏严寒，被称为“岁寒三友”，它们象征着坚贞崇高的气节。

2. 明永乐青花缠枝莲纹梅瓶（图488）

细颈，鼓腹下收，平底，腹饰缠枝莲纹。此器青花用“苏麻离青”原料绘制而成，呈色稳定纯正。

图487　明洪武釉里红松竹梅纹尊

图488　明永乐青花缠枝莲纹梅瓶

3. 明宣德祭红盘（图489）

祭红又称“霁红”。是以铜为着色剂，经1300℃高温在还原气氛下烧制而成的。

图489　明宣德祭红盘

4. 明宣德青花缠枝莲纹罐（图490）

直口，鼓腹，平底，器形矮胖，腹部饰缠枝莲纹。

5. 明正统青花莲花纹梅瓶（图491）

明正统、景泰、天顺三朝瓷器一般没有书写年款，断代上比较困难。

6. 明成化斗彩鸡缸杯（图492）

杯的正面和背面各画了一组相似的画面。一只公鸡正引颈而鸣，一只母鸡呵护着三只小鸡低头啄食，并有牡丹、湖石和兰草。湖石用青花表现，其他画面用各种彩色绘制，色彩斑斓，自然典雅。

❶

❷

❸

❶ 图 490　明宣德青花缠枝莲纹罐
❷ 图 491　明正统青花莲花纹梅瓶
❸ 图 492　明成化斗彩鸡缸杯

7. 明弘治黄釉盘（图 493）

黄釉是以铁为着色剂，用低温氧化焰烧制而成的。弘治黄釉达到了历史上低温黄釉的最高水平。由于黄釉是用浇釉的方法施在瓷胎上的，所以也称为“浇黄”；又因为釉色娇嫩淡雅，光亮如鸡油，故又称为“娇黄”、“鸡油黄”。

8. 明正德青花穿花龙纹带盖壶（图 494）

直口，鼓腹，高圈足，腹左下侧有弯曲长钮，右上侧有曲柄，宝珠钮盖。腹部绘穿花龙纹，龙闭口，细长身，五爪，呈奔腾状。莲花茎叶粗壮，花朵硕大。圈足绘一圈如意头纹和双弦纹，壶流和柄绘涡纹，盖绘莲瓣纹。整个器形显得端庄典雅。

图 493　明弘治黄釉盘

9. 明嘉靖青花五彩鱼藻纹盖罐（图 495）

罐通体绘鱼藻莲花纹，肩部绘两层覆蕉叶纹，一层用青料平涂，一层用青线勾勒，填以淡蓝色。底绘变形莲瓣纹。水草用青花表现，鱼身饰以矾红，彩下黄色为地，鱼鳞和鱼身用褐彩勾勒。矾红游鱼姿态各异，穿梭于青色的水草之间，画面显得生动活泼、艳丽迷人。

图 494　明正德青花穿花龙纹带盖壶

图 495　明嘉靖青花五彩鱼藻纹盖罐

图 496　明嘉靖矾红釉盘

10. 明嘉靖矾红釉盘（图 496）

以氧化铁为着色剂，在低温氧化气氛中烧成。

11. 明万历五彩镂空云凤纹瓶（图 497）

盘口，长颈，腹下垂，圈足，颈部有狮面双耳，通体饰五彩镂空花纹。盘口透雕如意头纹。颈上部绘双重仰蕉叶纹，小蕉叶纹顶部绘朵花、蝴蝶纹。颈中部耳两侧为锦地团“寿”字。颈下部绘四个垂云头，间以朵花。肩上部以宽带式锦地菱形开光环绕，开光内绘折枝花果与雀鸟纹。腹部饰祥云飞凤纹，主凤带着 8 只小凤展翅飞翔于祥云里。近足处锦纹带上有 8 个海棠式镂空。圈足上部绘矾红弦纹。整个画面凤戏彩云，五彩缤纷。

12. 明德化窑白釉达摩像（图 498）

通体饰莹润的象牙白釉。达摩头微低，两眼凝视前方，满脸虬须，高鼻大耳，双手置于胸前，身披袈裟，足踏在汹涌的波涛之上，作乘风破浪的渡海状。像背后有“何朝宗”三字阴文篆体印记。何朝宗是明代中后期德化窑著名的瓷塑专家。达摩像身材伟岸，超凡脱俗，何朝宗把他雕塑得惟妙惟肖，生动传神。

图 497　明万历五彩镂空云凤纹瓶

图 498　明德化窑白釉达摩像

（图 487~ 图 498　明朝瓷器）

第十九章　清朝瓷器

第一节　瓷器概况

清代是中国制瓷史上的黄金时代。景德镇是全国的制瓷中心，御器厂仍然设在这里，青花瓷器是景德镇瓷器的主要产品。

在五彩瓷器方面，康熙时期又发明了釉上蓝彩和黑彩。五彩常用的材料颜色有红、黄、绿、蓝、紫、黑、金等。红彩有矾红和金红两类：矾红是用青矾（$FeSO_4 \cdot 7H_2O$）为原料，经煅烧、漂洗制得生矾，配合氧化铁着色剂制成，又名铁红；金红是以黄金为着色剂的低温粉红色釉，清代康熙年间从西方传入我国，故又称洋红，其方法是在烧成的薄胎白瓷器上饰以含金的红色釉，在800℃～850℃的彩炉中烘烤而成。黄彩有铁黄和锑黄两种：铁黄以氧化铁为着色剂，锑黄以氧化锑为主要着色剂。绿彩以铜为着色剂，铅化合物为主要助熔剂。蓝彩以钴土矿为着色剂。黑彩的主要着色元素为铁、锰、钴和铜，系用钴土矿和铜花片配制而成。金彩是用金作为瓷器上的装饰。

康熙晚期创烧了珐琅彩和粉彩瓷器，雍正、乾隆时期技艺更加精湛。珐琅彩瓷的制法是景德镇官窑选用最好的原料制成素胎，烧好后，送到清宫内务府造办处，用进口的西洋珐琅彩料绘彩烧成。珐琅彩料中含有大量的硼，珐琅彩中的黄彩以氧化锑为着色剂。粉彩瓷器是在康熙五彩的基础上，受珐琅彩影响而创制的一种釉上彩新品种。粉彩的工序是先在高温烧成的白瓷上用墨线勾出图案轮廓，然后在其内填上一层玻璃白，彩料饰于玻璃白上，再经过画、填、洗、扒、吹、点等技艺，将颜色以深浅浓淡的不同需要晕开，使纹饰浓淡、明暗层次分明，经720℃～750℃的低温烧成。玻璃白的成分包括氧化铅、二氧化硅和三氧化二砷，其中二氧化硅是形成玻璃质的主要成分，氧化铅为熔剂，三氧化二砷可以起乳浊剂的作用。

第二节　瓷器举例

1. 清康熙黄地开光珐琅彩花卉纹碗（图499）

碗内饰白釉，素面。外壁以黄釉为地，均匀分布四个菱花形开光，开光内以豆绿色釉为地，彩绘菊花与牡丹，开光之间彩绘缠枝莲花。外底有“康熙御制”四字双行款。

图 499　清康熙黄地开光珐琅彩花卉纹碗

2. 清康熙豇豆红釉柳叶瓶（图 500）

豇豆红釉是一种呈色多变的高温颜色釉，是清康熙时铜红釉中的名贵品种。侈口，细颈，溜肩，敛腹细长，卧足。器形细长若柳叶，故名。

3. 清康熙郎窑红观音瓶（图 501）

郎窑红釉以铜为着色剂，用 1300℃以上的高温还原焰烧成，烧造的技术难度很高，在当时就属名贵瓷器。因康熙时郎廷极督理景德镇窑务时仿烧成功，故以其姓氏命名，又称郎红。侈口，颈部较短，丰肩，肩下弧内收，矮圈足外撇。

图 500　清康熙豇豆红釉柳叶瓶

4. 清康熙洒蓝金彩龙纹瓶（图 502）

金彩是用金粉或液态金（金水）在蓝釉上描绘花纹，经低温烘烤而成。

5. 清康熙珊瑚红釉瓶（图 503）

珊瑚红釉是一种低温铁红釉，将红釉吹在烧好的白釉器上，烧成后，釉色均匀光润，呈色红中闪黄，能与天然珊瑚媲美，故名“珊瑚红”。

6. 清雍正粉彩蟠桃纹天球瓶（图 504）

图 501　清康熙郎窑红观音瓶

图 502　清康熙洒蓝金彩龙纹瓶

图 503　清康熙珊瑚红釉瓶

图 504　清雍正粉彩蟠桃纹天球瓶

胎体洁白，釉质色白如雪。外壁以粉彩绘桃树一株，绿叶红花，上结粉红蟠桃 8 个。色彩逼真，笔法细腻。外底署篆书“大清雍正年制”六字三行款。

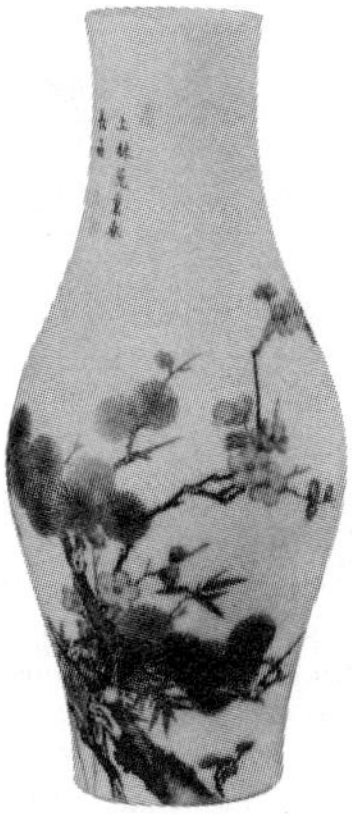

图 505　清雍正珐琅彩松竹梅纹瓶

图 506　清雍正祭红釉撇口瓶

图 507　清雍正松石绿贯耳瓶

图 508　清乾隆祭红釉玉壶春瓶

7. **清雍正珐琅彩松竹梅纹瓶（图 505）**

长颈，鼓腹内收，平底，形似橄榄。内外饰白釉，外壁以珐琅彩绘松、竹、梅纹。颈部用黑彩题“上林苑里春常在”七字，在文字的引首钤胭脂彩“翔采”朱文闲章，末尾钤胭脂彩“寿古”白文、“香清”朱文闲章。外底署青花楷体“大清雍正年制”六字双行款。

8. **清雍正祭红釉撇口瓶（图 506）**

祭红又称霁红。它是以铜为着色剂，经 1300℃左右的高温还原气氛烧成的红釉。釉面为失透状，呈色均匀凝厚。

9. **清雍正松石绿贯耳瓶（图 507）**

松石绿釉又名西湖水釉，是以铜为着色剂、二次烧成的低温釉，是清雍正时期创烧的绿釉名品。颜色青绿，与绿松石色泽相似，故名。

10. **清乾隆祭红釉玉壶春瓶（图 508）**

雍正时期的霁红釉质比康熙时期更加成熟，釉面润泽，呈色均匀。

11. **清乾隆珐琅彩诗句花卉纹瓶（图 509）**

通体饰白釉。外壁以红、黄、绿、黑、蓝等色珐琅彩料描绘月季、竹、腊梅、水仙、山石等。肩部题诗：“夕吹撩寒馥，晨曦透暖光”，诗句出自杨万里《诚斋集》。引首钤胭脂彩“佳丽”朱文闲章，句末钤胭脂彩“金成”、“旭映”朱文闲章。外底署宋椠体“乾隆年制”四字双行款。该作品诗、书、画融为一体，栩栩如生，生趣盎然。

12. 清乾隆钧红窑变釉胆式瓶（图510）

长颈，溜肩，垂腹，矮圈足，形似悬垂的动物胆囊。

13. 清乾隆粉青暗花交泰瓶（图511）

器腹中段雕镂成如意头形纹饰，上下套合，寓意“天地交泰”。它是清乾隆早期御窑厂督陶官唐英和催总老格刻意制作的专供乾隆皇帝玩赏的瓷器。

14. 清乾隆粉彩镂空转心瓶（图512）

流行于清朝乾隆时期。内瓶侈口外露，瓶身呈筒状，上有装饰花纹，底有内凹的轴碗。外瓶溜肩，鼓腹，镂空。内外瓶套合后放在底座上，座上的立轴嵌入轴碗，内瓶转动时，可以从外瓶镂空看见里面的花纹。

❶

❷

❸

❹

❶ 图509 清乾隆珐琅彩诗句花卉纹瓶
❷ 图510 清乾隆钧红窑变釉胆式瓶
❸ 图511 清乾隆粉青暗花交泰瓶
❹ 图512 清乾隆粉彩镂空转心瓶
❺ 图513 清乾隆青花釉里红龙纹玉壶春瓶
❻ 图514 清乾隆黑地绿彩缠枝莲纹梅瓶
❼ 图515 清乾隆斗彩进宝图螭耳大瓶

❺

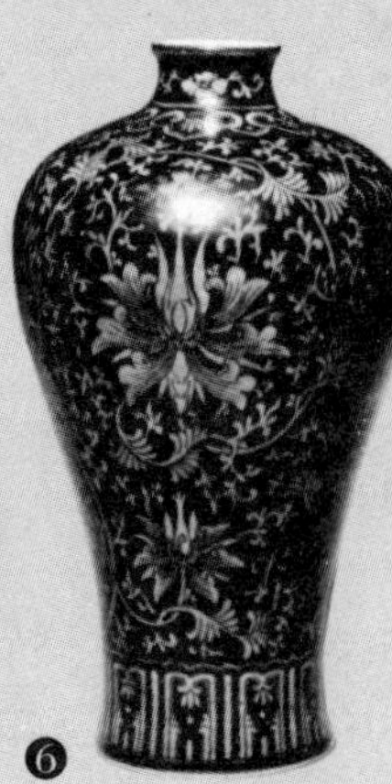
❻

❼

15. 清乾隆青花釉里红龙纹玉壶春瓶（图 513）

青花和釉里红同施于一器，青花着色剂是钴，釉里红着色剂是铜。二者化学性质不同，烧成温度及对窑室气氛的要求也不同，烧制时比较困难。

16. 清乾隆黑地绿彩缠枝莲纹梅瓶（图 514）

梅瓶内饰松石绿釉。外壁黑地绿彩，颈部饰朵花纹，肩部绘如意头纹，腹部绘缠枝莲纹，近底处绘莲瓣纹。外底署“大清乾隆年制”六字三行款。

17. 清乾隆斗彩进宝图螭耳大瓶（图 515）

敞口，长颈，鼓腹，圈足，颈部两侧各有一螭耳。颈部绘蝙蝠衔双鱼、磬纹，寓意“福庆有余”。腹部绘“进宝图”，众多人物分组错落置于山水之间，或推车，或驱象，或抱瓶，或托盘，进献珊瑚、宝石、灵芝等珍宝。底署“大清乾隆年制”六字三行篆书款。

图 516　清嘉庆粉彩籁瓜纹碗

18. 清嘉庆粉彩籁瓜纹碗（图 516）

碗饰白釉。自外壁向内壁以粉彩绘过枝籁瓜、竹子，碗内外图案空白处各绘一只彩蝶。外底署青花篆体“大清嘉庆年制”六字三行款。

19. 清嘉庆胭脂彩穿花龙纹瓶（图 517）

龙在花枝间穿行，又称串花龙纹或花间龙纹。

20. 清嘉庆紫金釉金彩瓶（图 518）

紫金釉属酱色釉，是以铁为着色剂的高温釉，在瓷器上还装饰金彩。颜色上模仿古铜器的风格，效果很好。

图 517　清嘉庆胭脂彩穿花龙纹瓶

图 518　清嘉庆紫金釉金彩瓶

21. 清道光珊瑚红地白梅花纹碗（图 519）

碗附伞形盖，盖顶有环形抓手。内饰白釉，外壁和盖面饰红釉，绘白梅花和兰草纹。圈足和抓手均署矾红彩楷书“慎德堂制”四字双行款。

22. 清道光粉彩“御窑厂图”螭耳瓶（图 520）

敞口，长颈，深腹，平底，颈部有对称双螭耳。瓶外用粉彩描绘了清代景德镇珠山御窑厂生产瓷器的真实场景，颈部画面是“御诗亭”，腹部画面是在监官的领导下，各种工匠正紧张地生产，劳动场面有开采原料、送料、拉坯、成型、施釉、吹釉、画坯、利坯、烧窑、出窑、运输等，共描绘人物 61 人，分工复杂，各司其职。该瓷器是研究景德镇御窑厂瓷器生产历史的宝贵资料。

图 519　清道光珊瑚红地白梅花纹碗

图 520　清道光粉彩“御窑厂图”螭耳瓶

（图 499~ 图 520　清朝瓷器）

参考文献

1. 阮元.十三经注疏[M].北京：中华书局，1980.

2. 常璩.华阳国志校补图注[M].任乃强校注.上海：上海古籍出版社，1987.

3. 司马迁.史记[M].点校本.北京：中华书局，1959.

4. 班固.汉书[M].点校本.北京：中华书局，1962.

5. 范晔.后汉书[M].点校本.北京：中华书局，1965.

6. 诸祖耿.战国策集注汇考[M].南京：江苏古籍出版社，1985.

7. 容庚.商周彝器通考[M].北京：哈佛燕京学社，1941（民国三十年）.

8. 郭沫若.两周金文辞大系图录及考释[M].上海：上海书店出版社，1999.

9. 国家文物鉴定委员会.文物鉴赏丛录·陶瓷（一）[C].北京：文物出版社，1995.

10. 国家文物鉴定委员会.文物鉴赏丛录·青铜器（一）[C].北京：文物出版社，1997.

11. 国家文物鉴定委员会.文物鉴赏丛录·玉器（一）[C].北京：文物出版社，1997.

12. 国家文物鉴定委员会.文物鉴赏丛录·青铜器（二）[C].北京：文物出版社，1998.

13. 国家文物鉴定委员会.文物鉴赏丛录·玉器（二）[C].北京：文物出版社，1998.

14. 杨伯达.古玉史论[C].北京：紫禁城出版社，2004.

15. 杨伯达.中国玉文化论丛[C].北京：紫禁城出版社，2002.

16. 杨伯达.中国玉文化论丛续编[C].北京：紫禁城出版社，2004.

17. 杨伯达.中国玉文化玉学论丛三编（上、下）[C].北京：紫禁城出版社，2005.

18. 国家文物局国家文物鉴定委员会.文物藏品定级标准图例玉器卷[M].北京：文物出版社，2006.

19. 国家文物局国家文物鉴定委员会.文物藏品定级标准图例铜器卷[M].北京：文物出版社，2006.

20. 栾秉璈.古玉鉴别[M].北京：文物出版社，2008.

21. 杨建芳.中国古玉研究论文集[C].台北：台湾众志美术出版社，2001.

22. 尤仁德.古代玉器通论[M].北京：紫禁城出版社，2002.

23. 马承源.中国古代青铜器[M].上海：上海人民出版社，1982.

24. 马承源.中国青铜器（修订本）[M].上海：上海古籍出版社，2003.

25. 邹衡.商周考古[M].北京：文物出版社，1979.
26. 邹衡.夏商周考古学论文集[C].北京：文物出版社，1980.
27. 邹衡.夏商周考古论文集续集[C].北京：科学出版社，1998.
28. 张光直.中国青铜时代[C]// 中国考古学论文集.北京：三联书店，1999.
29. 郭宝均.商周铜器群综合研究[M].北京：文物出版社，1981.
29. 俞伟超.先秦两汉考古论文集[C].北京：文物出版社，1985.
31. 张正明.楚文化史[M].上海：上海人民出版社，1987.
32. 张忠培.中国考古学九十年代的思考[C].北京：文物出版社，2005.
33. 中国社会科学院考古研究所.殷墟的发现与研究[M].北京：科学出版社，2001.
34. 许倬云.西周史（增补本)[M].北京：三联书店，2001.
35. 中国社会科学院考古研究所.殷墟妇好墓[M].北京：文物出版社，1980.
36. 中国社会科学院考古研究所.殷墟青铜器[M].北京：文物出版社，1985.
37. 河南省文物考古研究所.郑州商代铜器窖藏[M].北京：科学出版社，1999.
38. 卢连成，胡智生.宝鸡強国墓地[M].北京：文物出版社，1988.
39. 四川省文物考古研究所.三星堆祭祀坑[M].北京：文物出版社，1998.
40. 成都市文物考古研究所.金沙淘珍——成都市金沙村遗址出土文物［M］.北京：文物出版社，2002.
41. 湖北省博物馆.曾侯乙墓[M].北京：文物出版社，1989.
42. 河南省文物考古研究所.淅川下寺楚墓[M].北京：文物出版社，1991.
43. 河南省文物考古研究所.淅川和尚岭与徐家岭楚墓[M].郑州：大象出版社，2004.
44. 湖北省文物考古研究所.江陵望山沙塚楚墓[M].北京：文物出版社，1996.
45. 湖北省荆沙铁路考古队.包山楚墓[M].北京：文物出版社，1991.
46. 湖北省文物考古研究所.盘龙城——1963—1994 年考古发掘报告[M].北京：文物出版社，2001.
47. 中国社会科学院考古研究所.中国考古学夏商卷[M].北京：中国社会科学出版社，2003.
48. 中国社会科学院考古研究所.中国考古学两周卷[M].北京：中国社会科学出版社，2004.
49. 唐兰.西周青铜器铭文分代史征[M].北京：中华书局，1986.
50. 王世民，陈公柔，张长寿.西周青铜器分期断代研究[M].北京：文物出版社，1999.
51. 杜迺松.中国古代青铜器小辞典[M].北京：文物出版社，1980.
52. 杜迺松.中国古代青铜器简说[M].北京：书目文献出版社，1984.
53. 杜迺松.吉金文字与青铜文化论集[C].北京：紫禁城出版社，2003.
54. 中国社会科学院考古研究所.新中国的考古发现与研究[M].北京：文物出版社，1984.

55. 王辉.商周金文[M].北京：文物出版社，2006.
56. 中国科学院考古研究所.上村岭虢国墓地[M].北京：科学出版社，1959.
57. 河南省文物考古研究所.三门峡虢国墓地[M].北京：文物出版社，1999.
58. 李丰.虢国墓地铜器群的分期及其相关问题[J].考古，1988(11).
59. 郭德维.楚系墓葬研究[M].武汉：湖北教育出版社，1995.
60. 刘彬徽.楚系青铜器研究[M].武汉：湖北教育出版社，1995.
61. 石泉.楚国历史文化辞典[M].武汉：武汉大学出版社，1996.
62. 中国硅酸盐学会编.中国陶瓷史[M].北京：文物出版社，1997.
63. 冯先铭.中国古陶瓷图典[M].北京：文物出版社，1998.
64. 李辉柄.中国瓷器鉴定基础[M].北京：紫禁城出版社，2005.
65. 蔡毅，黄卫文.明清斗彩瓷器识真[M].南昌：江西美术出版社，2008.
66. 吕成龙.故宫收藏你应该知道的200件古代陶瓷[M].北京：紫禁城出版社，2008.
67. 马希桂.中国青花瓷[M].上海：上海古籍出版社，2008.
68. 河北省文物考古研究所.譽墓——战国中山国国王之墓[M].北京：文物出版社，1995.
69. 黄尚明.蜀文化研究[M].武汉：华中师范大学出版社，2007.
70. 南京博物院，江苏省考古研究所.鸿山越墓出土玉器[M].北京：文物出版社，2007.
71. 高至喜.楚文物图典[M].武汉：湖北教育出版社，2000.
72. 安徽省文物考古研究所.凌家滩玉器[M].北京：文物出版社，2000.
73. 张正明，邵学海.长江流域古代美术——玉石器[M].武汉：湖北教育出版社，2002.
74. 张正明，邵学海.长江流域古代美术——青铜器[M].武汉：湖北教育出版社，2002.
75. 杨育彬，袁广阔.20世纪河南考古发现与研究[M].郑州：中州古籍出版社，1997.
76. 浙江省文物考古研究所.反山[M].北京：文物出版社，2005.
77. 湖北省博物馆.图说楚文化[M].武汉：湖北美术出版社，2006.
78. 北京大学考古文博学院，北京大学古代文明研究中心.吉金铸国史[M].北京：文物出版社，2002.
79. 湖北省荆州博物馆，湖北省文物考古研究所，北京大学考古学系.肖家屋脊[M].北京：文物出版社，1999.
80. 谭维四.湖北出土文物精华[M].武汉：湖北教育出版社，2001.
81. 李西兴.陕西青铜器[M].西安：陕西人民美术出版社，1994.
82. 陈德安，魏学峰，李伟纲.三星堆——长江上游文明中心探索[M].成都：四川人民出版社，1998.
83. 陈德安.三星堆：古蜀王国的圣地[M].成都：四川人民出版社，2000.

后　记

《文物鉴赏与收藏》一书终于出版了，我也完成了多年来的一个夙愿，就是给研修《文物鉴赏与收藏》的大学生提供一本入门的教材。虽说是一本普及性的教材，也凝聚了众多人的劳动。

我要感谢全国各地考古学家的辛勤工作，层出不穷的考古新发现是我这本教材的写作基础。尤其是要感谢慷慨同意授权使用珍贵文物图片的学者，他（她）们是郑振香、杨育彬、赵世纲、曹桂岑、胡永庆、张勄、陈贤一、万全文、余乐、郝勤建等先生，凡是涉及图片的作者，我都一一写信联系，有个别学者没有回信，我在参考文献中都列出了所引用的书籍。

感谢责任编辑李蓉女士，她为本书的出版花费了大量的心血。感谢周柏青、程继松等先生，感谢他们在审稿中提出的大量修改意见。研究生邓超、唐凛然也为本书做了不少工作。